I-M-P-R-E-S-S NextPublishing

モノが飛ぶように売れる人の考え方

豊岡 舞子＝著

あなたは、一体なんのためにモノを売っていますか？

インプレス

はじめに

「売れないのは、自分のせいだろうか？」

もしあなたがそのような気持ちで「売れない」ということに悩んでいるならば、自分を追い詰めたり、苦しんだりしているかもしれません。そんなあなたに、気分転換のつもりでこの本を読んでほしいのです。

たとえ売れる人でも、売れないことはあります。

自信がなくなることも、負のスパイラルに入って抜け出せなくなることもあります。それは誰でも起こり得ることです。普段は自信たっぷりにお客様におすすめできる人でも、自信がなくて辛いときには、胸を張って話せなくなるものです。

ですから、あなたが「売れない」と悩んでいるなら、自信がなくておすすめできないと感じてしまうことも当然です。

かくいう私にも、売れなくて辛い時期がありました。仕事中にお客様とお話ししながら、自信がなくなっていることに気づいたのです。体調が悪いときや悲しい出来事があったときも、さっぱり売れなくなりました。

とりわけ、モノを売ることに関しては、仕事とプライベートを分けることは難しいものです。自分の不調だけではなく、身近で大切な人の身に何かあったら、心配で落ち着いてはいられません。売ることだけを考えてはいられなくなります。

意外に思われるかもしれませんが、売れるかどうかは、環境による影響も大きいのです。環境が整っていれば、誰でも売れる可能性は高くなります。たまたま運良く環境が整っているところにいるために、自然に売れる人もいます。

売れないからといって、必ずしも自分を責める必要はないのです。

小売業界では、売れない販売員が異動したときに、転勤先で驚くほどに売れる人に変わることはよくあります。扱う商材が変わることで売れる人もいます。

一方で、売れない理由としては、店舗での人間関係によって売れていないというのが最も多いのです。マーケティングの観点から見たときにも、担当地域が適性のある地域ではなかったというケースもあります。また、お客様が少ない地域で仕事をしていると、多くのお客様に売ることは難しくなります。都市部と地方では人口も会社の数も違いますから、売る環境はまったく違います。

まずは、こうした大前提を理解していただくことが大切です。そうでなければ、売れない理由を別に作って逃げてしまうものです。それによって前向きな変化を掴むことができて、自発的に行動することで結果を出せればいいのですが、職場を変えるだけで必ず伸びるわけではありません。自信がなくてモヤモヤしたままでは、残念ながら、結果を出すことができないのです。

経営コンサルタントの大前研一さんは、「人間が変わる方法は3つしかない」と言っています。

①時間配分を変える
②付き合う人を変える
③住む場所を変える

あなたが「自分を変えたい」と思ったときに、この3つの方法を実践する道もありますが、本書ではあえて「考え方」を変えるべきだと言っておきます。「考え方」を変えることで、売れる人になれるのです。

まずはあなたが今いる環境を受け止めて、その中で何ができるかということに向き合う発想を持ってほしいと思っています。それは難しい、できるわけがないと感じてしまう方もいるかもしれませんが、売れないのはあなたのせいではありません。

売るためには、自分の特性を知ることが大切です。自分に合った売り方を知り、その売り方で売ることが、結果を出すことへの近道です。そして「売れる人の考え方」を学んでいただくことが役立ちます。

これから「モノが飛ぶように売れる人の考え方」と、あなたの特性がわかる「売り方の3つのパターン」をご紹介しますので、ぜひ参考にしてみてください。

本題に入る前に、改めて自己紹介をさせてください。株式会社豊岡の代表取締役、豊岡舞子（とよおかまいこ）と申します。

私はフォーマル商材を扱う小売業にて20年にわたり、接客や販売員教育に携わってきました。また全国各地で催事の集客やお客様イベントを行い、２０２０年には1冊目の著書『失敗しない服選び理論「骨格」を知れば誰でも簡単おしゃれ』（インプレス・ＩＣＥ）を出版。２０２２年に独立。ＢｔｏＢコンサルティング業を開始しました。ファッションの専門知識をもとに商品監修や店舗運営、マネジメントに特化した実践型研修を行っています。

主な実績として、大手アパレル企業の特集ページ監修、ライブ配信に出演。社内研修や店舗イベントのサポート、商業施設での研修、イベントの実施。新聞社や自治体からも講演依頼をいただいて登壇しています。

そして今回、2冊目の書籍となる本書を出版することになりました。タイトルは『モノが飛ぶように売れる人の考え方』です。売ることに悩んでいる全ての人が、モノが飛ぶように売れる人になってほしい。誰にでも可能性があって、変わることができる未来があるのだと知ってほしいという願いを込めました。

そう考えた理由は、私が店長時代に、売れないことに悩む多くのスタッフを現場で見てきた経験が根幹にあります。「売り上げ1位になれない」「賞を獲ることができない」など、会社が決めた枠組みの中で、結果を出せないことが彼ら・彼女らを苦しめていました。それによって、この先のキャリアがどうなるのか不安がっているスタッフもいました。

スタッフたちには、自分の殻を破りたい、頭1つ抜け出したいという共通の悩みもありました。そのように悩んでいる人は、業界を問わずビジネス全般において非常に多いはずです。ランキング上位や受賞者になれるのは一握りだけで、そうではない人のほうが数は多いからです。

実際、私にも同じような経験がありました。新卒で入社してしばらく経った頃に、同期がどんどん結果を出していて、まわりがキラキラして見えた時期がありました。私はすぐにはランキング上位にはなれず、目立つことができなかったのです。「自分を変えたい」と真剣に悩んでいました。

そして、私が20年間同じ会社で仕事を続けてきた間には、仕事がうまくいかずに「もう伸びしろがないのかもしれない」と諦めてしまい、転職するスタッフもいました。その後にその人達がどうなったのかというと、多くのケースで転職先でも結果を出すことができていません。結果が出せないまま環境を変えているために、次の職場でも活躍できないのです。自分はもっとできるはずだと思っても、結果が伴わないために本当の自信を持つこともできないままです。世間的な評価も得られにくく、そのことにますます苦しんでいる様子でした。そんな風に辛い状況に陥ってしまう人を1人でも少なくするために、この本を役立ててほしいのです。モノを売ることに関して、結果を出せる人になってほしい。自信をつけてほしいというのが私の切実な思いです。

現場では、新入社員やインターン生の方々も大勢見てきました。最初は「このスタッフはなかなか売れないな」と思っていても、その後に人が変わったように花開くことがありました。それは本人が特別だったわけではありません。

他人と比べるのではなく、前年の自分に勝つことはできます。

売り上げの数字が未達でも、地域の1番になることは可能です。

私も会社が決めた物差しで評価されることを辛いと感じていたときに、状況を変えるために、自分で決めた「ウェディングドレスで1番になること」を目指してやってきました。努力して、ようやく売れるようになりました。

あなたが今いる環境でも、何かを達成することはできます。大事なのは、「会社」が決めた何かではなく、「自分」が決めた何かで1番を取ること。そうやって結果を出して、本当の自信を手に入れましょう。

さて、売り方の本というと、接客スキルや営業方法のノウハウ本を思い浮かべる方が多いかと思います。実際に販売・営業のジャンルではそれらのテーマで書かれた書籍が多く刊行されています。この本の執筆にあたり、私もさまざまな書籍に目を通しました。

本書では、それらのノウハウ本とは異なる切り口をテーマにしています。私がこの書籍でもっとも伝えたいことは、モノを売ることにおける土台の部分、つまりマインドです。

売れる人がどのようなマインドを持っているのか、その考え方を知ってほしいのです。多くの人に売れる人の考え方を学んでいただき、「私にもできるかもしれない」「やってみたい！」と思っていただけるようにと書籍の企画を考えました。

モノの売り方には土台にマインド（考え方）があり、その上の階層にスタイル（売り方）があります。売り方にはパターンがあり、それは個性です。どのような売り方があってもいいのです。

本書を読んでいる方の中には、売り方の手法を知りたいと考えている方もいるでしょう。それもモノを売るための手段の1つではありますが、手法には流行りがあり、時代に合わせてルールも変わります。昔できたことが今はできなくなることが多くありますから、せっかく身につけた手法も、いつかは時代に合わなくなります。つまり、売れなくなるのです。

モノが飛ぶように売れる人は、いつの時代でも第一線で活躍しています。それは手法を変えているのではなく、その根底にあるマインドが、そもそも「売れる人の考え方」だからです。その人たちは、本当の意味でモノが売れる人です。

したがって、まずはマインドを学ぶことが大切です。マインドが変われば、スタイル（売り方）も変わります。時代が変わっても通用しますし、どのような売り方にも生かせます。誰にでも「売れる人になる」可能性があるのです。

本書は、モノが飛ぶように売れる人の考え方がわかる本です。ぜひあなたも売れる人の考え方を知り、学んで実践してみてください。それによって仕事の成果以上の価値が手に入ることを約束します。

▼販売歴20年の私が、なぜこの本を書こうと思ったのか

読者の方の中には、著者である私がどれほどの実績があるのか、懐疑的な方もいらっしゃると思います。

私はフォーマルドレスの販売員としてキャリアをスタートし、店長やエリアマネージャー、婦人服の事業責任者を経験したのちにＢｔｏＢ事業の新規立ち上げも行いました。その後に独立・起業して経営者になったのが現在です。

これまでのストーリーと私の思いをまとめたマンガがありますので、ぜひご覧ください。

豊岡舞子
ファッション理論に
基づく研修や
営業企画コンサルタントなど
幅広い分野で活動中
ウェディングドレスの販売員
としてキャリアをスタート
優柔不断なお客様でも
試着1回でお買い上げ
20代にして
最優秀店長賞
しかし
30代はじめごろ
意図しない転勤で
理想のキャリア
から外れ――
プライベートでも
離婚を経験し
どん底に
数字ばかり追っても
何も残らなかった
せめてこれから
一緒に働く子達は
幸せにしたい!!
みんなの夢を
聞かせてください

夢？
売り上げのことですか？
違う違う！
売り上げを達成しても働くみんなが幸せでなきゃ意味がないの
どんな些細なことでもいいからこの仕事しながら叶えていこうよ
……
私、出世して親孝行を…
彼氏が欲しいです！
じゃあそのためには…
夢を叶えるための行動目標を設定
ロードマップ
昨日の報告をお願いします
本を1冊読みました！
合コン行きました！
朝礼で経過報告
互いに尊重し合う意識が生まれコミュニケーションが活性化
今日は休んでて！
ありがとう
さっきの良かったよ
こうするともっと…
モチベーションも向上
店長も仲間も見てくれてる！
幸せのために頑張るぞ～！
売り上げノルマが無くても自然と個々の活躍が後押しされ

あの店は面白いことやってるらしい
この子も混ぜてくれませんか？
評判は近隣店舗にも瞬く間に広まった
さらに…
〝おしゃれミーティング〟をはじめます！
毎月、トレンドやお互いに似合うファッションを研究する会を開き
ハート多すぎ！
ハートが…！
店長はチークして！
先輩後輩関係なくアイデアを出し合い
それぞれの得意分野を活かして教室を開き
感性を磨きながら尊重し認め合える働きやすい職場が実現
結果――
店舗の売上げは赴任当初の目標値の2倍に
業務改善と収益アップで優秀店舗として表彰を受けた
店長辞めないで〜

この経験を次のステージでも活かしてみたい
そして――
洋服ブランドの責任者として事業計画に携わり
独立後は企業相手に営業企画、人材育成マネジメント、商品プロデュースを展開
現場に入り込み売り場に立って伴走
現在はファッション以外にも活躍の場を広げている
一緒に働く人――
そしてその先にいるより多くの人を幸せにするため働いています

作画：うらかなこ

一度は意図しない転勤で理想のキャリアから外れてしまった私は、仕事に対する考え方を変えて、店長として部下たちが幸せになることを目指して取り組みました。彼ら・彼女らが夢を叶え続けることで「私たちってプロフェッショナルだよね」という意識が根付き、店にいたスタッフ全員に自信がついたのです。

そのときに私は、「これが理想の売り方だ」と気づきました。

部下たち全員が自信に満ち溢れていて、お客様に愛情を出せる状態だったのです。どのようなお客様が来ても「お客様どうされましたか？　◯◯して差し上げましょうか？」「何でも私に頼っていただければ大丈夫ですよ」と、人に対して愛情をかける余裕がありました。

お客様も、自信のある人からモノを買いたいと考えます。「この人だったら買いたい」と思ってくださるのです。

そして、このやり方は誰にでもできます。

まずは売る側が充実した状態になること。その人の特性を生かし、その人に合ったスタイルで、自信を持ってモノを売ることができるようになることが目指すべき姿なのだと知りました。

その後に私が挑戦したことは、ＢｔｏＢ事業の立ち上げです。それは私にとって絶対にやりたい仕事でした。ＢｔｏＣで自社が持っているノウハウをＢｔｏＢに転用したらどうなるのかを試してみたかったのです。

自社が持っているノウハウを全て洗い出し、気づいたことは、私がいた会社は「老舗」であるということでした。もともとアパレル企業はそれほど息が長くないため、老舗企業は少ないのです。対して、私がいたのは着物の会社で創業90年ほど。長い歴史とノウハウがありました。

着物やジュエリーなどの高額商材には、顧客づくりのスキルが必要です。電話応対による接客、お客様のライフスタイルに合わせたタイミングでの催事勧誘、場合によってはお客様のご自宅に訪問します。自社のノウハウには着物・宝飾品販売の独自性と、アパレル商品を扱う汎用性がありました。

それらの売り方を、他社の洋服で実践したらどうなるか？　顧客を作り、お客様との関係値を高めることができるに違いない。これを研修という形で、ＢｔｏＢで提供すれば売れる、と考えました。

競合他社との差別化を考え、私が選んだ研修テーマは「骨格診断」と「パーソナルカラー診断」でした。まずは自社で、全国の約100店舗で展開しました。店舗は各地域にあるため、1人で日本全国をまわりました。

私が日本全国をまわって1年間で出した結果は、計画を大きく上回る結果でした。その成果とデータを持ったうえで、ＢｔｏＢで他社に企業研修を売りにいきましたが、まったく仕事が取れなかったのです。本当に難しいと感じました。

その頃は骨格診断とパーソナルカラー診断が世の中に出始めたタイミングでした。それのみをやっていても単価が低くなってしまい、当時いた会社では事業として成り立たないことにも課題を感じていました。

アパレル業界では個人で骨格診断をやっている人はいましたが、会社単位でビジネスとして行っている会社はまだありませんでした。でも、私はそれが面白いと思っていたのです。どこにもそのような会社はないのですから、私が作ればいいのだと思いました。

そして２０２２年に独立し、自分の会社を立ち上げました。

その後は自分の会社で、念願のＢｔｏＢコンサルティング事業を開始。信頼の置けるスタッフとともに、多数の大手アパレル企業にて販売サポートやファッションを取り入れた人材育成・販売員研修、ブランディング支援を実施しています。


現在のコンサルティング業を含めた小売業界での経験のなかで、長年かつ様々な立場から、数えきれないほどの「モノを売る人」たちを見てきました。ただし、本当の意味で売れる人というのは、そのうちのほんの一握りでした。そして私は、その一握りの売れる人たちには、共通するマインド（思考や哲学）があることに気づいたのです。

▼売り方には3パターンある

売れる人の考え方を紹介する前に、その考え方を身につけたあとにどう売るかを先に解説しておきます。

売り方は人それぞれ個性に合った方法があります。大別すると3パターンに分けることができます。

【売り方3パターン】

①陽気なリーダーシップタイプ
②人の話を聞くのが得意で控えめなサポートタイプ
③我が道を行く個性でファンをつけるカリスマタイプ

①陽気なリーダーシップタイプ

①はリーダーシップをとれる陽気なタイプです。「モノが飛ぶように売れる人」という本書のテーマを聞くと、このタイプを思い浮かべる人も多いことでしょう。

このタイプの人は普段から明るくいつもハキハキとしていて活動的かつ社交的で、存在感があります。商品の魅力や特徴を相手にわかりやすく自信をもって伝えられていて、とても頼りになる人を想像いただければよいでしょう。私をご存じの方は想像がつくかと思いますが、私は①のタイプです。

②人の話を聞くのが得意で控えめなサポートタイプ

②のサポートタイプは見た目の印象は控えめです。自分が前に出るわけではないため、存在感も強くありません。サポート側にまわる立ち振る舞いをします。人の話を聞くことが得意なタイプです。

接客・営業ではお客様に話をさせることが得意です。お客様に柔軟に合わせていける強みがあります。参謀のような人で、会社でいえば優秀な専務や秘書。相手を察して動くことができます。

②のサポートタイプの中にも、飛ぶように売れる人は存在します。あたかもお客様に選んでいただいたかのように振る舞っていますが、本当は自分で主導権を握っています。そうは見えないような売り方をしているのです。

③我が道を行く個性でファンをつけるカリスマタイプ

③は変わっている人で、我が道を行くタイプです。お客様からの共感でモノを売るのではなく、強烈な個性によってファンをつけています。そして、この人はカリスマ性や圧倒的な自信がある人です。もちろん実績もあります。

お客様には媚びないという独自の売り方を貫き、その姿勢がお客様を強く惹きつけます。
お客様は自信がない人からは買いたくありません。「この人から買えば大丈夫だ。損をしない」という人から安心して買いたいのです。それは売り手と買い手の信頼・信用で成り立っています。

自信があっても売れない人は、自信の裏に根拠や裏打ちされる経験がありません。ただ虚勢を張っているだけでは売れないのです。

自信の裏に根拠があるかどうか。それでモノが売れるかどうかは決まります。

③の売り方は真似することが難しく再現性がありません。基本的には①か②の方向で売るべきだと考えています。どちらを選ぶかは、人には性格がありますからそれを考慮することも大切です。

控えめな性格であったり、人前に出ることが苦手であったりする人が①のようにリーダーシップを取ることを目指すと無理が出てくるでしょう。その場合は②の売り方が向いています。

逆のケースもあります。細部に気がつくことや人のサポートが苦手で、大雑把な性格の人が「お客様に配慮してほしい」と会社から言われ続けてしまうとうまくいきません。この人は①のリーダーシップタイプが合っている可能性があります。

本書では①と②に共通する基本的な考え方を学ぶことができます。売れる人の考え方をベースに、ご自身に合った売り方・スタイルで売りましょう。

あなたもどちらのタイプに当てはまるか、向いていそうかを想像した上で、ぜひ読み進めてください。

売り方3パターンのうち、多くの人に当てはまるのは①リーダーシップタイプと②サポートタイプです。①リーダーシップタイプと②サポートタイプは真逆で、接客するときの話し方もお客様のタイプも異なります。

それぞれどのように違うのか、例を挙げながらご紹介します。

①リーダーシップタイプの例は、著者である私です。私は接客中には早く話しますし、店内にいても存在感があるタイプだと思います。わかりやすい例でいうと、私は特に何も言っ

ていないにも関わらず、お客様に「あの人が店長だ」とすぐにバレてしまいます。

②サポートタイプの例は、弊社のＰＲ・ヘアメイク・接客エキスパートを担当する細山です。彼女は美容部員を経てファッション業界に転職したのですが、優秀店長賞など数々の賞を受賞した実績を持っています。その後にヘアサロンにて成人式メイクを担当し、現在はパーソナルカラー診断を取り入れながら接客提案をしています。

そんな細山はゆっくり話すタイプで、お客様に自ら話していただくことが得意です。細山自身が話さずに聞き役に徹することも多々あります。

①リーダーシップタイプと②サポートタイプの違いを表にまとめると、次のように整理できます。

	①リーダーシップタイプ	②サポートタイプ
得意なお客様のタイプ	• 気の強い印象の方 • 買い物にはっきりと目的がある方 • 的確なアドバイスが欲しい方	• 寄り添ってほしい方 • 店員にいろいろと言われるのが苦手な方 • 自分が優位に立ちたいと考えている方
このタイプの特徴	• 存在感が強い • 一部のお客様からは警戒されやすい	• お客様から警戒されにくい • いつのまにか情報を引き出せる

①リーダーシップタイプは一部のお客様からは警戒されやすく、私自身もそのつもりでモノを売るやり方をしています。お客様にヒアリングするときにも「今から情報をお聞きします。よろしいですか？」とあえてきっぱり言います。

②のサポートタイプは押しが弱く見えがちで、売ることが苦手なように思われる方もいるかもしれませんが、じつは全くそのようなことはありません。弱そうに見せることで売りまくる販売員や営業マンもいます。

お客様から見れば「この人なら大丈夫だよね」と気の抜けた印象を与えるのですが、じつは念入りにリサーチされていたり、見られていたりというケースが実際のところです。存在感を消して売る人もいます。

このように、①リーダーシップタイプと②サポートタイプは、売り方もお客様の傾向も異なります。話し方も雰囲気も違いますが、モノを売ることに関して取っている行動は同じです。

リーダーシップタイプの私も、サポートタイプの細山も、1番目にはこれをやる、2番目にはこれをやるというステップは共通しています。「この商品を売るなら今はこれ、これはやるべきじゃない」ということがわかっていて、押さえるべき要素（本書の第1条から第7条でご紹介する「モノが飛ぶように売れる人の考え方」）を押さえているのです。

本書では、どうすれば誰でも再現性高く売れる人になれるのか、そのための解決策を第1条から第7条に示しました。項目自体は、モノが飛ぶように売れる人たちが共通して持っている考え方であり、抽象度が非常に高い内容になっています。ですから、いきなり実践しようと思っても残念ながら難しいでしょう。

そこで、本書ではその考え方を身につけるために、もう1段噛み砕いた行動指針や思考のポイントを小見出しにまとめています。それぞれの内容を参考に、ご自身なりにカスタマイズしながらチャレンジしていただければ幸いです。

それでは早速、モノが飛ぶように売れる人の考え方をお伝えしていきましょう。

第1条　顧客の視点でとらえる

モノが飛ぶように売れる人になるには、顧客の視点でとらえることが何よりも大切です。あなたに「売りたい」という気持ちや売上目標やノルマがあるように、お客様にもさまざまな感情や背景があり、その先に続く人生もあります。それらを無視してモノを売ることはできません。

第1条ではまず、モノを売ることの価値を見つめ直してみましょう。

次に、お客様から信頼される見た目、ＡＩＤＭＡ（アイドマ）の法則にもとづいた自然な提案の流れ、お客様のなかで意見が割れたときの売り方まで押さえるべきポイントを紹介します。

▼何のためにモノを売るのか考える

あなたは、何のためにモノを売っていますか？

一般論としては「会社のため」「売り上げや数字のため」と言う方が多いでしょう。売り上げを立て、従業員は人件費としてお給料をいただくことができます。かくいう私も、20代の頃は数字しか見ていませんでした。

人によっては、会社からの評価や出世、ステータス、実績のためにモノを売るのだという考えをお持ちの方もいらっしゃるでしょう。

しかし、モノを売ることの価値とは果たしてそれだけでしょうか？

モノを売ることには、仕事の成果以上の価値を手にできるという大きな意義があります。仕事の成果以上の価値とは、人生のミッションを感じるようなものです。そのことを意識できている方はそう多くはありません。ですが、本書を読んでいるあなたにはぜひ気づいていただきたいのです。

今目の前にある仕事をより大きな枠で考えたときに、「会社」というのは狭い世界です。会社勤めの方であれば、人生は会社で勤めているときよりも長く続いていきます。日々の仕事が終われば、誰もが家に帰り、そこには生活や人生があります。会社以外にも、私たちの外側にはもっと広い「社会」が広がっているのです。

長く会社勤めをしていると、そのことが次第にわからなくなってしまい、気づけなくなってしまいます。会社が人生そのものになり、それ以外の世の中に興味が薄れてしまうことは珍しくありません。

それを続けていると、ある日突然会社がなくなったときに何も残らないのです。

何らかの理由で、会社での立場がなくなってしまうときも同様です。例えば、左遷のように望まない異動が起きるというのはよくある話です。そのときまで自分＝会社になってしまうと、心が耐えきれずに人生を失ってしまうかもしれません。

私が20代だった頃、目先の数字に追われてしまって、部下にも数字のことばかり追及してしまっていました。確かにそれで売ることはできて、会社から褒められたり表彰されたりしましたが、最終的に何が残ったのかというと、自分の手元には何も残らなかったのです。その後に私についてくる人は誰もいませんでした。

会社のなかではパワーバランスであったり、仕事の関係でやらなければ怒られてしまったりするため、その場では部下たちも私の話を聞くのです。

ところが、私がエリアマネージャーから店長に降格したときにパーッと人が離れていってしまいました。身を削って会社のために頑張って、休みなしで働いて、最終的に私を本当に好きで支持してくれる人はいなかったのです。これは私に限らず、世の中のどこにでも起きていることなのではないでしょうか。

例えば、大企業勤めで役職があったときには「○○さんに一生ついていきます！」と大勢の人が付きしたがっていても、役職から外れてしまったときに、周りの人が一斉にいなくなってしまう様子を想像できます。

私は30代になってからは、はじめにでもお伝えしたように仕事のやり方を変えました。部下たちが幸せになることを1番に考えて取り組んだ結果、ただの仕事仲間を越えた信頼関係が構築できました。いまだにずっと付き合いがあり、仕事のパートナーにまでなっています。「会社」ではなく「社会」という大きな枠組みで、本当に大切なものが手に入ったのです。

人間関係にも社会課題にも広く通じることですが、人生において「何のためにやっているか」ということが非常に大事なのだと改めて感じました。

何のためにモノを売るのか？

そのモノを売った先には、必ず自分の人生に返ってくることがあるということ。かつては数字だけを見ていた私も、今ではモノを売るという行為を「社会活動の1つ」ととらえています。モノを売ることで、その先にある社会と繋がることができるのです。

そうしたマインドを持つと、売り方が変わってきます。

例えば、目の前のお客様に対してモノを売るだけではなく、その先にお客様の人生があることを考えられるようになります。そのお客様が、また次も会いに来てくれるかもしれません。自分が行った提案や助言が、お客様の人生を豊かにしたり、何かを助けたりするきっかけになることもあります。そうして社会が巡り巡っていくのです。

会社という括りではなく、大きな枠組みでとらえることによって、あなたにとっての世の中は一層広がっていきます。

もちろん、実際にモノを売るときには目の前のお客様に売ります。それを目先の「今日の売り上げのレジがいくらだったか」「四半期の目標が」という理由ではなく、その先の社会と繋がっていて、社会活動をしているのだという売り方をすること。それができると、仕事の成果以上の価値を手にでき、あなたの人生に返ってくるのです。

▼顧客に信頼される「第一印象」を押さえる

どのようなモノを売るときであっても、初対面時の印象、つまり第一印象はお客様との信頼関係を築くための重要な要素です。挨拶や自己紹介では「第一印象力」を意識することで、良好なコミュニケーションの下地を作ることができます。

ご存じの方も多いと思いますが、「メラビアンの法則」というものがあります。人はコミュニケーションを取る際に、視覚情報55％、聴覚情報38％、言語情報7％を相手に与えているという心理学の法則です。一般的には、この法則を根拠として「身だしなみを整えることが大切だ」という結論がよく用いられます。

本書ではモノを売ることに関して、一般的に言われているメラビアンの法則とは違う考え方をしています。

極端に言えば、見た目を綺麗にして、わかりやすいほどに売れる人の見た目にすれば売れます。清潔感のある身だしなみ、目元がはっきり見える髪型、信頼に値する目の輝きや目つき、口角を上げた笑顔、背筋を伸ばして堂々と立つなど、これらの雰囲気と挙動が売れる人の見た目です。しかし、必ずしもそれだけとは限りません。

じつは「こんな見た目の人が売れるの？」と驚くようなことも多々あるのです。

例えば、抜けている雰囲気の人。本当はすごく売れる人なのに、相手が安心するような見た目にしてお客様を油断させる人がいます。

天然っぽい雰囲気を出して売れる人もいます。売れる人やできる人のオーラを出していると、それでお客様は身構えてしまうため、気取らない雰囲気のほうが受け入れられやすいのです。人間の心理的な欲求に刺されば売れます。

ポイントは、相手にどうやって心を許してもらうか。そして、見た目で相手に信頼されることです。

わかりやすい例を挙げると、詐欺師はできるビジネスマンのように見せて人を信用させます。高額なお金を扱う場合に、騙される側の人は「これほどの大金をこの人に預けて大丈夫だろうか」と不安に思ってしまうためです。カチッとしているほうが信用も信頼もできますよね。

この場合、お金を預ける人が相手に求めているのはゆるさではありません。心強さやパワフルさです。金額が大きい取引では、強い見た目のほうが圧倒的に有利です。だから詐欺師はそのような見た目でお金持ちの人に近づくのです。

また、売る商材によって求められる見た目は異なります。

例えば、リラクゼーション系のマッサージ店で年間パスポートをおすすめする場合を想像してみてください。どのような見た目が売れそうでしょうか？　先ほどの大金を扱うケースとは違いますよね。ふんわりしている雰囲気のほうが売れると思います。食品系や健康系の商材にも同じことが言えますが、その商材がどのようなモノかによって、お客様に安心感を与える見た目は異なります。

このように、その商材を誰から安心して買うかということを考えると、心を許すポイントは変わってきます。

売ることに関して、必ずしも「この見た目が売れます」というルールがあるわけではないのです。きちんとしすぎている見た目が良いとは限りません。柔らかさや安心感、ホッとする印象をお客様に与える見た目でも売れます。

要するに、お客様が「この人なら大丈夫だ」と思える見た目が重要だということです。

まとめると、第一印象力と見た目はとても大切な要素です。それによって信用・信頼されるかどうかが決まり、相手との関係性も売れるかどうかも変わります。ぜひそのことを意識してみてください。

▼ＡＩＤＭＡの法則で顧客に寄り添う

続いてご紹介するのは、「ＡＩＤＭＡ（アイドマ）」の法則です。

ＡＩＤＭＡの法則とは、お客様が商品を知ってから購入するまでのプロセスを表すもの。Attention（注意）、Interest（関心）、Desire（欲求）、Memory（記憶）、Action（行動）の頭文字を取った略語です。これはＢｔｏＣにもＢｔｏＢにも当てはまります。

お客様がモノを買うまでの流れを、次の5つのステップで表すことができます。

【ＡＩＤＭＡ（アイドマ）の法則】

1　注意（Attention）
2　関心（Interest）
3　欲求（Desire）
4　記憶（Memory）

5　行動（Action）

もともと欲しいモノがあるお客様はそれを目当てにお店に買いに来ますが、たまたま店頭で商品に目を留めた場合（＝注意：Attention）、お店に入ってから商品を探します（＝関心：Interest）。

その商品を見つけて値段やサイズやカラーを確認すると、それを欲しいという気持ちが高まり（＝欲求：Desire）、買おうかどうか迷います。お客様は商品を記憶（Memory）して、何かと何かを比較しながら購入することを検討し始めます。家にあるアイテムと合わせられるか。他のお店にも良いモノがあるのではないか。お客様の頭の中では考えを巡らせています。そこで他店や他の選択肢に勝つことができれば、商品をレジに持っていくという行動（Action）になります。

まずはＡＩＤＭＡの法則と、お客様がモノを買うまでの流れを理解しましょう。アパレルショップでの接客販売を例に挙げますので、ぜひ売り手の目線から、お客様にどう寄り添っていくか参考にしてください。①から⑩まであります。

【例】

①女性のお客様2人組が入店してきました。「いらっしゃいませ」のお声がけを笑顔でします。何かを探されているようで、一直線に壁奥のワンピースコーナーに向かっています。

②お客様たちが1枚のワンピースについて何か話されています。

③お客様に近づいて、斜め横から、お話しの邪魔にならないようにお声がけをしました。「そちらのワンピースはデザインが華やかですよね、何かパーティーなどでお使いのご予定がおありなのですか?」と質問します。

④お客様はお友達同士で、お1人が会社の先輩の結婚式に着ていくモノを探しているとのこと。今日ここに来る前に、他の店でシンプルなワンピースを見てきたそうです。

⑤ご自宅にあるお持ちのワンピースや小物にはどんなモノがあるのか、ご着用の時期や場所、参列される方々がどんな人たちなのかを細かくヒアリングし、今見ていただいているワンピース以外にも2~3着こちらからご提案をしました（このときに、お持ちしたワンピースの値段もお見せします）。4着のワンピースを1着ずつ鏡で合わせて、イメージと合うかどうかを確認していきます。4着中2着に厳選しました。

⑥1着目に着られたワンピースは、お客様がはじめに手に取られたモノではなく、他店で着たワンピースに似ているモノです。シルエットが美しく、お客様のスタイルがとても良く見えます。参列される式場のイメージにも合っていて、お値段もお手頃です。

⑦2着目に着られたワンピースは、お客様がはじめに手に取られたモノです。期待どおりの華やかさに思わずため息がこぼれます。「思ったとおり、素敵」とお連れ様が笑顔になりました。

⑧実際にご着用いただく際のイメージがわくように、お客様にお似合いになりそうなアクセサリーやバッグ、靴をトータルでコーディネートします。どんどん素敵になっていく鏡の中の自分の姿に、お客様は目が離せません。横を向いたり、後ろ姿を確認したり、鏡の中の着姿を確認されています。

⑨「お客様はスタイルが良いので、何をお召しになっても素敵に見えてしまうのですが、こちらはさらに別格です。個性的なデザインがお客様の華やかさを一層引き立てますし、とはいえ色が落ち着いているので悪目立ちはしません。まさにお客様が探されていたイメージに、ぴったりですね！」と、このワンピースがお客様のニーズを叶えていることを伝えます。

⑩「前に見たお店のモノより、こちらのほうがいいんじゃないかな」とお連れ様も賛同してくださいました。「予算オーバーなのだけど、そうね……これにします」とお客様はお買い上げになりました。

今のように、ワンピースを買ったお客様の行動①～⑩をＡＩＤＭＡの法則に当てはめると、次のようになります。

1　注意（Attention）……①
2　関心（Interest）……②③④⑤
3　欲求（Desire）……⑥⑦
4　記憶（Memory）……⑧⑨
5　行動（Action）……⑩

まず、①の注意（Attention）が大事なポイントです。そもそもお客様に商品を見つけてもらえなければ、どれほど良い商品でも出会うことができません。アイキャッチになるところをどうするかという点は重要です。

売れないお店というのは、商品の配置が間違っているケースも多いのです。

例えば、お客様にとってはあまり魅力的ではない商品を店頭の目立つ場所に飾ったり、アイキャッチになる商品をお客様の視界に入りづらい位置に置いたりしています。こういったことは、お客様目線に立っていないために起きます。お客様にとって入口が入りにくい、歩きにくいなどの欠点も見つかります。そもそも売れにくいお店を作ってしまっているため、接客以前の問題なのです。

やるべきことは、あたかもお客様が自らの意思で選んだかのような導線をつくること。

店舗であれば、入口から入ってはじめに目に入るものは何か？　目線はどのあたりにくるのか。ＰＯＰの位置はどうか。お声がけした際の立ち位置は自然な距離であったか。お客様が自然に手にとってしまうようなお声がけをしていたか。

もしお客様がそのように動いていないのであれば、自らがお客様になったつもりで入店してみましょう。自然に動いたら、どこをどのように通るのか。何が目に入るのか。それを確かめてみてください。

ちなみにこれは、ＥＣサイトでも同様です。ＥＣサイトでも、そのサイトに初めて訪れたお客様が最初にどこを見るのか、次にどのルートを通ってお買い物に進むのかという導線がスムーズであるか、お客様の目線になって確認してください。

お客様とは適切な距離感であることも重要です。お客様にお声がけする距離感が近すぎても遠すぎてもダメなのです。③で「斜め横から、お話しの邪魔にならないようにお声がけをしました」とあるように、自然な距離感であることを心がけましょう。

さらに重要なのは、④と⑤です。お声がけしたのちに、会話しながらお客様のご希望や他の選択肢があるかどうかを確認します。その際には次のことを聞くことがポイントです。

・いつ、どこで着るモノを探しているのか
・買わなくても代用できるモノをお持ちなのか
・すでに他の店も見たあとなのか、候補にしているモノがあるのか

⑤では、計4着のワンピースを提案します。お客様がはじめに選んだモノ以外の選択肢も提案することで、このお店にはお客様の興味をそそるような魅力的な商品がたくさんあることを期待させます。提案するときには商品の値札をお見せして、予算の範囲内かどうかをお客様に知っていただきます。

⑥以降の比較検討では、4着から厳選した2着のワンピース以外にも、他店との比較も必要です。お客様は他店とも比較して購入を決めます。自店で買っていただくためには、比較材料は自店の中で作っておいたほうが良いのです。ですから最初に4着のワンピースをご提案し、2着に絞り、その2着で比較検討していただきます。

お客様が商品を購入するかどうか迷っているところでは、お客様が購入に迷う理由を先回りして、解決していく流れを作ることがポイントです。例えば、お客様は次のような理由で悩んでいます。

・自分が持っている他のアイテムに合うか
・他の店も見ないで決めても大丈夫か

・着用日までまだ日にちがあるが、もう買ってしまって大丈夫か
・予算に見合うか

これらの理由でお客様を不安にさせないよう、先回りして売り手が行う行動が⑤です。お客様が今どの状態にいるのかを察知しながらリードしていくのです。

なお、リーダーシップタイプとサポートタイプでは、サポートタイプのほうがよりこの売り方を徹底しています。サポートタイプはお客様が不安に思うであろう要素を先に提示して、解決方法を話しながら進めることが多いです。リーダーシップタイプは、お客様の反応に対して解決策をわかりやすく返答することで、信頼感を得ます。

このようにお客様の思考と一致させるように会話することが重要です。そのタイミングを誤ってしまうと、お客様にとっては嫌な人になってしまいます。

実際の接客中には、お客様がＡＩＤＭＡの法則のどのステップにいるのかを察することが難しいかと思います。

大事なことは、お客様をよく視ることです。お客様の目線がどこを向いているか。手で何

を触ったか。店頭のマネキンを見てお店に入ってきたのか。これらはお客様をよく視ていないと見逃してしまいます。

ありがちなのが、お客様が欲しいと思ったあとに、本当に購入しても大丈夫かなと不安材料を探しているタイミングに、販売員がただおすすめだけをするというものです。思いやりがなく、店の都合だけでゴリ押しだけされているような印象になってしまいます。「欲しい」からこそ不安になったり、安心材料が欲しいと思ったりするものです。

「どうしようかな」とお客様が口にし始めたらチャンスです。迷っているから買わないだろうと思うのではなくて、お客様にとっては「買いたいけど、どうしよう」という意味だととらえて、その商品がお客様のニーズを叶えていることを伝えましょう。

そして、先ほどの例では目当ての商品があるお客様の例を挙げましたが、「好みの雰囲気だからなんとなく店に入ってみた」というお客様も多くいます。目的があるわけではないため、きょろきょろしながら「このお店はこんな感じなんだな」「何か良いモノはないかな」とふんわり見て回っています。

そのときに気になった商品を手で触るかもしれません。それでも手で触ったからといって、お客様にとってその商品はまだ必要ではないのです。欲しいという欲求が生まれていません。1つ手前の「関心」のステップです。

それにも関わらず、ちょっと触っただけの商品に対して販売員からいろいろ言われてしまうと、たいていは嫌な気持ちになってしまいます。そのタイミングを間違えてしまう人が非常に多いため、ぜひ押さえていただきたいポイントです。

アパレルショップでの接客例について、私の場合はどうするかご紹介します。ここでは2つの例を挙げます。まずはお客様に商品を買う目的があるパターンです。

【接客例1】

（女性のお客様が店頭のディスプレイを見つめた後に入店される）

私「いらっしゃいませ。お客様、ご来店は初めてですか？」

お客様「はい、初めてです」

私「見つけてくださってありがとうございます。ディスプレイを見てくださっていましたが、何かお探しのイメージがございましたか」

お客様「そうなんです、今度予定があって着ていく服を探していました」

私「そうなのですね。当店ではこういった商品がありますが、今度のご予定ではどちらに行かれるのですか？」

お客様「沖縄に友人の結婚式で行く予定です」

私「沖縄は今まで行かれたことはございますか？　来月でしたら、海には入れそうですね。海辺をバックに写真を撮るのも素敵ですよね。暗い色よりは明るい色のほうがいいですかね？」

お客様「明るい色あまり着たことがないですけど、沖縄だったら着てみてもいいかな……？」

私「いいと思いますよ。花嫁さんも喜ぶと思いますよ。例えば、こちらの商品はいかがですか？　明るい色ですし、シワになりにくくて持ち運びに便利なんですよ」

お客様「あ、可愛いですね。気になります」

私「ちょっとお鏡に合わせてみましょうか」

この接客例のポイントは、いきなり商品をおすすめしないことです。お客様が来店されたら、お店の存在に気づいていただいたことに感謝するというスタンスでお声がけします。そうして自然な流れで会話できると、お客様が何を求めているのかうまく聞き出すことができます。その後にニーズに合った商品を提案し、それを「欲しい」という気持ちにさせるのです。

いきなり本題を持ち出さない例では、美容師のキャッチがあります。

私が以前、髪を切ってもらっていた美容師さんの例です。美容師とわからないような平凡な見た目の男性なのですが、とにかく街での声かけがうまいのです。私が声をかけられたときも、いきなり髪のことを聞かれたのではありませんでした。

渋谷の交差点で信号待ちをしていた際に、ふと優しい声で「転職されるんですか？」と聞かれたのです。

当時私は転職をしようとしていたわけではなくて、スタッフの採用に困っていて、転職エージェントの会社の手提げ袋を下げていたのでした。

「いえ、私ではないのですが採用に困ってまして……」そんな感じで返事をしたと思います。するとその男性は「学生の新卒採用ですか？　それともキャリア向けの中途採用でしょうか」と即座に聞いてこられたのです。あまりの自然な流れに驚きましたが、「自分は美容師で、お客様のなかには就職活動をしている方もいる。お力になれるかもしれない」とのことでした。藁にもすがる思いでしたが、いきなり人を紹介していただくのも抵抗があったため、まずは髪を切ってもらうことにしたのでした。

その美容師さんは自身の顧客を集めてたまに交流会を開いていたのですが、参加者には見た目に華やかさはないものの、青年実業家や中間管理職の女性が多いことが特徴でした。その様子からも、たまたま私がその美容師さんの顧客になったわけではなく、ビジネスパーソンの特にリーダー層の顧客から信頼を得ている「売れる人」なのだとわかりました。

アパレルショップでの接客例をもう1つご紹介します。先ほどの例はお客様が目的を持って来店しているケースですが、そうではないお客様もいます。次は、なんとなくお店に来たお客様への接客例を紹介します。

【接客例2】

（男性のお客様がご来店され、なんとなく商品を見ている）

私「いらっしゃいませ。ご来店ありがとうございます。当店は◯◯のお店で、このような種類のアイテムを扱っていますよ」

お客様「そうですか。今日はふらっと見に来ただけなので」

（お客様の装いから、スーツケースを見る）

私「そうでしたか。ご出張ですか？」

お客様「あ、そうなんです。大阪出張に」

私「大阪はよく行かれるんですか？」

お客様「はい、支社があるのでよく行くんですよ」

私「大阪いいですよね。私も先月行ってきました。美味しいお店がよくわからなくて……、おすすめのお店とかありますか？　美味しいたこ焼きが食べたかったんですよ」

（そのまま会話が盛り上がる）

私「……そういえばお客様、まだお時間は大丈夫ですか？」

このように、なんとなくお店に入ってきて商品をただ見ているだけのお客様であれば、普通の世間話をします。いきなり商品をおすすめすることや、何が欲しいのかを無理に聞き出すことはしません。なぜなら、まだ商品を欲しいとは思っていないからです。それなのに「何かお探しですか？」と聞いてしまうと、お客様にとっては「ただ見ているだけなのに」とストレスに感じてしまいますから、それは避けましょう。

また、お客様に予定があるかどうかを聞くことも大事なポイントです。お客様の予定がわからないと、せっかく試着して気持ちが盛り上がっても時間がなくて帰ってしまいます。時間があればいろいろと試着もできますから、必ず聞くようにしてください。

その後は「普段はどんな服を着ますか？」とお客様の好みをうかがいます。お客様にとって着にくいモノや苦手なモノも一緒に聞きます。食べ物の好みを聞くように好き嫌いをヒアリングしたあとに、どうすればスタイルアップできるか、苦手なところをカバーできるか、テクニックやおしゃれに見せるパターンをいくつか提案します。そのなかでどれか1つでもお客様にハマれば興味を持っていただけます。

それから「待ち合わせまでまだお時間あると思いますので、どうぞ着てみてください」と言って、試着室にご案内します。

接客にもいろいろとパターンはあるかと思いますが、このような流れでお客様にお声がけや提案をしていきます。

今の接客例のように、売る側はＡＩＤＭＡの法則にいかに自然に溶け込むかが重要です。

お客様にストレスを与えず、自由な気持ちで見ているところに、いかにスーッと自然に入り込むか。最初からお客様と一緒にいたかのように、お客様の思考の流れと行動を止めずに、自然に入り込んでいくことが最も理想的です。

はじめにで、売り方には3パターンあることをお話ししましたが、サポートタイプの方はこの売り方が上手です。さりげなくお客様のそばにいて必要なモノを提案していくため、お客様も気分良くお買い物ができます。そういう人で売れる人は非常に多いです。

逆に自分からお客様にガシガシ話しかけにいくタイプで、明るく元気にお客様を楽しませたり面白いことを言ってみたりして、友達のように仲良くなってお買い上げいただくパターンもあると思います。その場合も同様に、AIDMAの法則にしたがってお客様の思考をなるべく止めないことが大切です。

お客様の動きに寄り添わないと、どのようなパターンの人でもお客様にとってはストレスや違和感になり、嫌な気持ちにさせてしまうのです。

また、最初は体の向きにも気をつけます。お客様の真正面には立たないようにしましょう。なるべく体をお客様に対して横に向けて、顔だけはお客様のほうに向くような立ち位置にします。

あえて店内で作業することもあります。お客様の前にガツガツと進み出てしまうと、お客様はびっくりして怖いと感じてしまいます。これもお客様にとってはストレスです。

販売員はお店の中のテリトリーで活動し、そこにお客様が入ってきたという自然な流れから会話が生まれていきます。その流れを止めないこと。自然な成り行きでお客様がお買い物できることが最も綺麗です。

作業しながらお客様に声かけすることは、いろいろなお店でよくやっていることです。販売員がお店の入口に立って「いらっしゃいませ」と言って待機していると、なんだか入りにくいと感じませんか？　そこで、店内を歩いたり、商品を整理整頓したりしながらお声がけするのです。

皆さんも普段アパレルショップでお買い物をするときに、販売員がよく服を畳んでいる姿を見かけたことがあるのではないでしょうか。あれは、本当は畳まなくても良いのです。畳んでいるという行為が大事であって、それは今お話ししたように、畳むという行動をしながら声を出すことがワンセットなのです。お客様の視点では、服を畳んでいる販売員から声をかけられることが自然です。

お客様のなかには、お声がけしたときに「見ているだけなので」とおっしゃる方もいます。店員に話しかけられることが苦手だと感じている方もいらっしゃるでしょう。

しかし、誰にでも話しかけてほしいタイミングはあります。在庫を出してきてほしい。サイズ違いが欲しい。色違いがあるのか教えてほしい。お客様にとって知りたいことがわからないまま買うことはリスクです。そのため、まったく話しかけないでほしいという意味ではありません。あまりにも違うタイミングで話しかけられてしまうために「今は話しかけないでほしい」という反応が返ってくるのです。

本来はそうではなくて、適切なタイミングで適切にアドバイスをすれば、お客様もスムーズにお買い物ができます。

前述のように、BtoBにもAIDMAの法則が当てはまります。

まず顧客は、広告や紹介などをきっかけに商品・サービスを知ります（＝Attention：注意）。次に、自社の課題解決や事業成長のために、その商品・サービスをもっと知りたいと考えます（＝Interest：関心）。資料請求やトライアルを行ったり、商談の場で営業担当者から説明・提案を受けたりすることで、理解を深めてその商品・サービスが欲しい（＝Desire：欲求）という気持ちになるのです。他に良いモノがあるのではないか、本当にこれでいいのかとさまざまな選択肢と比較検討（＝Memory：記憶）を行い、他社や他の選択肢ではなくその商品・サービスを選んでもらえば、契約（＝行動：Action）に至ります。

ＢｔｏＢの場合にも顧客の都合があり、それぞれの事情に応じて顧客は考えて行動しています。それを理解してＡＩＤＭＡの法則に則って、適切にアプローチしていくことで契約に繋がります。

それでは、ＢｔｏＢではワークに挑戦してみましょう。次のビジネスシーンで、お客様であるあなたがＡＩＤＭＡの法則でどのステップにいるのか考えてみてください。

【問題】

会社で人材育成の担当者になったあなたは、中長期的な経営目標の観点から、自社の営業力を強化するために社員研修を行うことにしました。

次に挙げる行動は、それぞれＡＩＤＭＡの法則のどのステップに当てはまるでしょうか？５つのステップの中から選んでください。全部で5問あります。

問1

あなたは社員研修をどこの会社に依頼しようかと考えています。インターネットで調べたところ、研修会社の数が多くて違いがよくわかりませんでした。

そこで、社内で良い研修会社を知っている人がいないか聞いたところ、「A社はどうですか？」と紹介を受けました。

問2

紹介してもらったA社にメールで問い合わせを行ったあなたは、A社から電話を受けました。電話越しに担当者から「どのような研修をご希望でしょうか？」と聞かれたため、対面型で営業研修を実施したいこと、それによって会社の事業強化に繋げたいことを伝えました。

問3

電話を切ったあとに、見積書と参考資料が送られてきました。費用は予算の範囲内でしたが、A社では研修のみでコンサルティングが受けられないことがわかりました。もっと手厚いサービスを受けたいという欲求がわいて、別の研修会社のほうが良いのではと思い始めました。

問4

あなたは、以前にセミナーで知ったB社を思い出しました。B社は営業研修とコンサルティングの両方に対応しています。ホームページを見ると、同業他社の導入実績もありました。すぐにB社に問い合わせメールを送りました。

問5

Ｂ社から連絡があり、ぜひ直接話をしたいと言われたので、会う時間を作りました。

商談当日、Ｂ社の営業担当者がやってきました。商談では自社の状況を伝えたところ、「御社の課題に応じたオーダーメイドの研修プランを提供できます。中長期的なコンサルティングもおまかせください」と言われました。費用はＡ社よりも高くなりますが、あなたはＢ社に決めることにしました。

【解答】

問１：注意（Attention）
問２：関心（Interest）
問３：欲求（Desire）
問４：記憶（Memory）
問５：行動（Action）

簡単に解説すると、前提としてこのお客様が欲しいものは社員研修というサービスです。紹介でＡ社を知ったところが、ＡＩＤＭＡの法則でいう注意（Attention）です。その後に関心（Interest）を持って社員研修を探します。問3では、A社に発注する場合の費用や内容を知り、「コンサルティングサービスも受けたい」という欲求が出てきたことがわかります。問4では、B社を思い出したところが記憶（Memory）です。最後にB社と商談して決めたところが行動（Action）です。

このようにＢｔｏＢでも、お客様の思考と行動には流れに沿った動きがあります。

▼決裁者は誰かという視点を持つ

モノが飛ぶように売れる人は、必ず「決裁者は誰か」という視点を持っています。なぜなら、それを買うと決める決裁者が誰なのかがわかっていなければ、まぐれで売れることはあっても再現性高く常に売れないためです。

仮にお客様が1人で何かを買おうとする場面でも、そのお客様ご本人に決裁権があるとは限りません。そのお客様は誰かの指示で買いに来ただけであって、決裁権を持つ人は別にいるかもしれないのです。

さらには一度の取引でお客様が複数人いるケースもあり、お客様のなかで「Aが良い」「Bが良い」と意見が割れ、お買い上げいただくまでのステップがより複雑になることもあります。そのときにどうすればモノが売れるのか。私の経験からウェディングドレス販売を例に、押さえるべき点を解説します。

私がウェディングドレスの販売をしていた頃、花嫁1人で来られる場合もあれば、ご新郎、お母様、ご姉妹、ご家族、会社の上司とお連れ様はさまざまでした。

その際、必ずと言っていいほど起きることは、意見が割れるということ。好きなドレスを着たいのに、お姑様に「そのドレス好きじゃない」と言われてフィッティングルームで号泣する花嫁。できるだけ豪華絢爛にしたい花嫁家族と派手にしたくない新郎家族。話がまとまった後で振り出しに戻すような発言をされるご新郎。ドラマティックな展開が繰り広げられます。


花嫁はウェディングドレスを選びに来店していますが、じつのところ「ウェディングドレスを選んではいない」のです。「似合っていなくても良いです」と言う花嫁も多くいらっしゃいます。なぜだと思いますか?

それは、何が目的なのか、つまりは「どんなウェディングドレスが着たいか」ではなく、「ウェディングドレスを着ることによってどうしたいのか」というニーズが花嫁によって違うからです（具体的なニーズについては後でご紹介します）。それにも関わらず、花嫁の希望だけ聞いているうちは購入まで至りません。

ウェディングドレスは高額商品かつ、結婚式という人生の一大イベントで使う特別なドレスですから、新郎やお姑様などのお連れ様も「これが良い」「これはダメだ」という理想があります。特にお連れ様のなかに発言権が強い方がいると、意見がまとまらなくなってしまいます。だから意見が割れるのです。

どのように折り合いをつけて着地するのかを考えることは、販売員の仕事であり、腕の見せ所。発言権が強いお連れ様に振り回されると「誰が支払うのか」を忘れてしまうこともザラです。そうなったときに販売員は、発言権が強い方を適度に制しなくてはなりません。

また、花嫁を庇うばかりにお連れ様を蔑ろにすると、店から出た後に花嫁の立場が危うくなったり、ご家族同士の関係性が悪くなったりする可能性もあります。

そのような意味では、100％花嫁の意見に寄り添うことが良いとは言えません。どうやって着地させるか頭の中で道筋を描きつつ、何パターンかの策をあらかじめ花嫁ご本人に提案しておきます。家族構成や誰の意見が強いのかといった背景をすべてヒアリングして、どのような順番でお話を進めて、どう着地するかを相談したうえで接客するのです。

ここでは次の3名を必ず押さえておくことが重要です。

・使用者本人（花嫁）
・決裁者（新郎、花嫁、ご両親など）
・発言権の強いお連れ様（新郎、お姑様など）

まず、ウェディングドレスを着るのは花嫁（＝使用者本人）なので「心から望むこと」を、時間をかけてヒアリングします。実際の試着よりもこのヒアリングの時間のほうが長いくらい、とても重要なことです。ここで信頼関係を築けるかどうかがポイントでもあります。

そこで見えてくるのは、花嫁の人生観や人間関係など大変奥深いものです。どのようなご家庭で育ち、趣味嗜好が育まれたのかが垣間見えます。

以下は実際にお客様から言われた言葉であり、実際に購入もいただいているお客様たちの望むことです。

「母を喜ばせたい、親孝行がしたいんです。ドレスはなんでも良いです。母が喜ぶドレスを着ます」

「会社の同僚をあっと言わせてやりたいんです。似合っていなくても良いから、コスパ良く歓声が上がるようなドレス姿にしてください」

「お金はいくらかかっても良いから、自分が納得したドレスを着たいんです。運命のドレスを見つけるために日本中を旅しています。探し始めて3年目です。彼はいつまでも待つと言ってくれています」

「大人っぽいドレスが着たいのに、身長が低いからか可愛い感じのドレスばかりをすすめられます。大人っぽいドレスが似合わないことはわかっていますが、着たいんです」

このように心の声を直球で言っていただくことで、最短でおすすめするドレスが決まります。あとはどのような道筋をつくって決裁者の方に納得いただけるかがポイントです。

花嫁から、ご家族のどなたかがネックになっていることや人間関係で悩んでいることを聞いた場合には、花嫁との事前の作戦会議が必要です。お連れ様がどのような人物なのか聞いておくことで、試着時には的確なコメントができます。

花嫁のニーズに一致した際にはすかさず「お義姉様はお優しいですね、よく気がつかれましたね」と、あくまで相槌に徹して発言権の強いお連れ様のメンツを立てます。そして、決裁者には都度、この流れで問題ないかどうかを確認していきます。

先ほど挙げたお客様の声にもあるように、花嫁にとっては好きなドレスがあるわけではなく、ご自身のお母様が喜んでくれるドレスを着たい、親孝行をしたいという方もいます。その場合に花嫁のお母様が「このドレス可愛いんじゃない？　◯◯（花嫁のお名前）に着てほしいわ」と言ったとしましょう。

このときに新郎のご実家に「このドレスはやめたほうがいい」と反対されてしまうと、花嫁は傷ついてしまいます。花嫁ご自身のお母様を傷つけられたような、実家を否定されたように受け止めてしまうことが多く、その場で泣き出してしまうほどです。

このケースでは、ウェディングドレスを着るのは花嫁ではありますが、花嫁にとっては自分が着たいドレスを選ぶことが目的ではないことはおわかりいただけるでしょう。

さらにこの場合では、花嫁が希望したウェディングドレスを購入されたとしても、それを無理やり押し通すことによって、その後のご家族との関係が悪くなる可能性もあります。購入後に新郎のご実家から「あの子は生意気ね」と言われてしまうかもしれません。それが果たして花嫁にとって良い決断かどうか。そうしたことも含めて、その場の様子を見て、何が1番良いかを提案します。

したがって、察する力が重要です。

その場の空気感と、お客様の誰がどう考えて、誰に発言権があるのか。その場の状況だけではなく、今を起点にしてお客様の前後の時間軸を見ること。商品を購入いただくことによって、お客様がその後どうなるかを想像して最善の策を提案します。

例えば「このウェディングドレスを選んだあとに花嫁様はどうなるのだろう?」と考えます。お連れ様が何人もいて、この人はクラシカルな王道デザインのA案、別の人はデザイン性が高く特別感のあるB案と意見が割れた場合には、どの商品であれば最も良い着地になるのかを瞬時に考えます。

価格のこともあるため、誰が払うのか。最も文句を言いそうなのは誰なのか。そうしたことをすべて総合したうえで、「A案とB案があって着地点はこう考えているけれど、どうする?」とフィッティングルームの中で花嫁だけに聞きます。花嫁がA案とB案のどちらを希望するかによって、お連れ様全員に対する私のプレゼンの仕方が変わるため、どうするかを聞きます。

花嫁が「みんなが丸く収まるようにしたいから」と言えば、A案に。花嫁ご本人はそれほど気に入っていなくとも、全員が納得して収まればという方向であれば、次のようにプレゼンしてAのドレスに着地させます。

【A案のプレゼン例】

「やっぱりAのドレスが可愛いですよね。これは誰も嫌いな人がいませんし、結婚式に来てくださるお客様に喜んでもらえたり、あとあと良い結婚式だったねと言ってもらうのであれば、このドレスが1番良いですよね」

反対に、特別感のあるドレスを選びたいといった花嫁の気持ちを尊重するのであれば、B案のドレスへ流れを持っていきます。

【B案のプレゼン例】

「Bのドレスはデザインが本当に素敵ですよね。花嫁様の清楚な雰囲気を引き立てる品のあるレースと刺繍が、お式の格を引き上げますね。○○様が望んでいらっしゃったロングベールとも相性がぴったりなので、まるで今日はこのドレスが皆様を呼び寄せたかのようですね」

こうしてBのドレスがどれだけ素晴らしいか、Bを着ることによってどのような感動が生まれるか。私が説得力を持ってプレゼンすれば良いのです。

そして、購入いただく場面では次のように伝えます。

「何かあれば私に質問していただければいつでも全部対応しますので、何でも聞いてくださいね。私が責任を持って担当させていただきますので」

商品に責任を持つことを伝えると、お客様も安心できて「じゃあ○○さんにお願いします」と決めていただけます。これが、意見が割れたあとに話をまとめ上げて着地させ、お買い上げいただくまでの一連の流れです。

ここまで私の体験をもとにした具体例をご紹介してきました。読者の方のなかには、このウェディングドレスの例が特殊すぎると思われた方もいるかもしれませんが、じつはそうでもありません。

例えば今回のような状況は、自動車や住宅、保険などの高額商品を売る場合にも当てはまります。それらの商品もお客様によりニーズが異なりますし、お金を出す人物とその商品を使う人物が必ずしも一致しません。高額であるがゆえに、家族の間で意見が割れてしまうことは珍しくありません。そうなったときには、今ご紹介したウェディングドレスの例のように、お客様の未来を想像したうえで最善の策を考え、それを提案してお買い上げいただくことに活用してください。

そうは言っても、責任を持って「何でも私に聞いてください」と言える販売員はそう多くはありません。私は冒頭で紹介した①リーダーシップタイプで、そのような売り方を行っているからできるのだと思います。

①のリーダーシップタイプの方は、お客様に対して「私に聞いてくださいね。私が対応しますから」と言うことが売れるポイントです。お客様も安心して「それなら○○さん（販売員のお名前）に頼っていれば大丈夫だ」と思っていただけます。

②のサポートタイプの方であれば、お客様にとっては話しやすく聞きやすい販売員なので、

お客様のほうからどんどんやってくるものです。

②のサポートタイプの場合も、売れる接客の根幹にあるものは同じです。話の展開やその場の空気、どうすれば全員が不幸にならないかを瞬時に判断して提案します。お客様に「Aの方法もありますし、Bの方法もあります。どうしたいですか?」と聞いて、寄り添って筋道を立てていくやり方もあります。

ＢｔｏＢの場合でも、これまでご説明したウェディングドレスの接客販売における3者の関係性（使用者本人・決裁者・発言権の強い人）に置き換えることができます。

ＢｔｏＢでは、使用者本人は主に担当者です。ところが担当者だけの判断では契約が進みません。決裁者と発言権の強い人の存在があるためです。

・使用者本人（担当者）
・決裁者（担当者の上司、代表取締役など）
・発言権の強い人（株主、オーナーなど）

担当者の方が商品を選ぼうとしているにも関わらず、使用者本人は決裁者ではなく、その上司であるというケースも多々あります。株主やオーナーの存在があり、その人達の意見が強いために会社の方針が決まっている場合も往々にしてあるでしょう。取引先の関係で選べない・使えないなどの事情を抱える会社もあります。その状況をまずは理解しましょう。

3者の関係性と状況を理解することができれば、提案の内容も決まってきます。ＢｔｏＢにおいても状況判断を行うことは絶対に必要です。

▼本音を引き出す

先に述べたようにお客様の関係性を押さえて、一生懸命に提案を行っても、売れないことはあります。ヒアリングに時間をかけてお客様から話を聞いたとしても、それだけではお客様は、気持ちのすべてを教えてくれるわけではありません。

なぜなら、お客様にも言い出しにくいことがあるためです。お客様によっては「こんなことを聞いて良いのだろうか」と遠慮して話さないケースもあるでしょう。

売る側がそのことに気づかないでいると、接客や提案を行っても「今のお客様は買いそうだったのに、最後に断られてしまった」「クロージングをかけたら、やっぱりいいですと言われてしまった」ということが起こります。それはお客様の悩みを解消できていないためです。

この場合、売れる人はお客様の本音を引き出します。それによってお客様が本当は何に悩んでいるのかを知り、その悩みを解消することによって、安心して買っていただける状態にするのです。

丁寧にヒアリングを行ってもお客様がなかなか本音を話してくれない場合、私であれば「本音はどうですか?」「正直なところいかがですか?」と率直に聞きます。

私が販売員になって間もない頃、そのようにお客様に本音を聞けたかというとまったくそうではありませんでした。新人のときは経験が浅くできることも少なく、自分を良く見せようとカッコつけていました。自分をさらけ出すような言動やできない姿を、お客様の前で見せたくないと意地を張っていたのです。

その後に経験を積むにつれて、意地を張らなくなりました。失敗するときも、うまくいかないときもあることを知り、お客様との会話で自分をさらけ出すことにも抵抗がなくなったのです。お客様が「今うまくいかないことがあって」とお話しする際には、「そうですよね。世の中そういうこともありますよね」と共感できるようになりました。

要するに、お客様に対して強がっても意味がないのだと気づいたのです。お客様に悩みや課題があれば、それを一緒に解決したいと考えるようになりました。

ですから今は「本音はどうですか?」と聞くようにしています。

モノを売る際に、私が「このお客様は買いそうなのになんで買わないのだろう」と思ったときには必ず次のように聞きます。

「何か気になっていることはありますか？」

「どの点がお悩みですか？」

「どの点が引っかかっていますか？」

クロージングをかけたあとに、お客様が「考えます」と言ってそのまま帰ってしまうのは何か理由があるわけです。これにしてくださいと言う1歩手前、テストクロージングをかけるときに「どうですか？　これにされます？」と聞くタイミングで、「何か引っかかっていることはありますか？」とお客様に聞きます。「商品のここが気になっている」と言ってくだされば、お客様の本音がわかります。

例えば「本当はこういう服じゃなくて、もうちょっとスリムなやつを探していたんですけれど、なかなか良いのがなくて。でもこれはこれで可愛いから買おうかどうか悩んでいるんですよね」と答えてくださるかもしれません。

お客様の心の内、本音は何で悩んでいるのかをその場でズバッと言ってほしいのですから、遠回りしないで「何か気になっていることはありますか?」と聞くのです。これは誰にでも言えるフレーズなのでぜひ試してください。

ちなみに、その商品とはまったく関係のないことを答えるお客様もいます。

例えば「最近大きな買い物をしちゃって、今これを買って帰ると旦那に怒られるかもしれない」などです。このケースではお客様が気にかかっている対象は、商品そのものではなく別の理由です。この場合は「商品は預かっておきますから大丈夫ですよ」と言うことで、次回に気兼ねなくお買い上げいただけます。

また、ウェディングドレスの例では意見が割れてしまった場合には、フィッティングルーム内で花嫁と作戦会議することをご紹介しました。これは他の人に話を聞かれないように、花嫁の本音を引き出すためです。

ＢｔｏＢにおいては商談中に意見が割れた場合に、その後に個別で担当者に電話する方法があります。

例えば、あなたが営業先の担当者とアポを取って訪問したときに、担当者だけでなく、決裁者である社長や発言権の強いオーナーも揃っていたとしましょう。その場では担当者が本音を話しづらい状況もあります。

その後に訪問が終わったところで担当者に電話をかけます。すると「さっきの場では言えなかったのですが……」と本音を聞くこともできるのです。そのやり取りをスムーズに行うために、訪問時に「後日電話しますね」と担当者に伝えたり、何時であれば時間が取れるか聞いておいてタイミングを狙って電話する方法もあります。

ＢｔｏＢでは取引先の関係者に限らず、他社が同席したり、複数の企業の担当者が揃ったりする場面もあります。その場では担当者が本音を言えないことは珍しくありません。

担当者が話しやすい状況を、あなたが自ら作り出すことも本音を引き出すコツです。

▼売るべきタイミングを見極める

上顧客になり得そうなお客様でも「今は売るべきではない」というタイミングがあります。タイミングが悪いときにしつこくしてしまうとお客様に嫌われてしまいます。そのようなお客様に対してやることは、モノを売ることではなく、未来に繋がる関係性作りに徹することです。

そして、ＢｔｏＢにもモノを売る適切なタイミングがあります。

ここで1つ例を挙げます。皆さんも仕事中に、営業メールやセールス電話を受け取った経験があるかと思います。そのときに「今は必要ないな」と感じた経験があるのではないでしょうか？

逆に、ご自身で新規顧客開拓のために営業メールを送ったり、営業電話をかけたり、飛び込み営業を行ったりする方もいるでしょう。そのときになかなか話を聞いてもらえない、アポが取れないと悩まれる方も多いと思います。

すでにご紹介したＡＩＤＭＡの法則に当てはめると、不特定多数に対するテレアポや営業メール、飛び込み営業というのは法則に則っていません。お客様が欲しいと思っていないタイミングにモノをすすめられても、買わないためです。テレアポや営業メールなどでモノが売れるのは、お客様が偶然それを欲しいと思っていたタイミングだからこそです。ＡＩＤＭＡの法則に合っていれば買ってくださいます。

しかしながら、本来であればどのようなお客様にもタイミングがあります。

ＢｔｏＢであれば、知らない人からはなおのこと買おうとは思ってもらえません。繋がりのない会社に突然営業すると、そもそも欲しいと思っていませんし、見知らぬ相手ですから「今はいいです」と断られてしまいます。

ところが、その時点では断られてしまっても、半年後に売れるかもしれません。それがタイミングなのです。

例えば、担当者の立場が変わったとき。最初は決定権がなかった人が、本当は興味があってそれを購入したいと思っていたケースもあります。会社の方針でそのときは断ってしまったものの、その後に立場が変わって予算を持つことがあります。そのときが、相手が欲しいタイミングかつ売るタイミングです。

私の場合も、一度は断られてしまったお客様で、本当は研修に興味を持っていらっしゃってずっとそれをやりたいと考えていた方がいました。その後に決裁権を持つ立場になられて、研修を実施することになり、そのタイミングで私に声をかけてくださったのです。

このように、ニーズとＡＩＤＭＡの順番が一致すればタイミングとして成立します。「ようやくタイミングが来たから売れたんだ」とわかるのです。

お客様にはお客様の都合があり、モノを売る適切なタイミングがあることを理解しておきましょう。

そして、そのタイミングをいかに見逃さないか。お客様と都度コンタクトを取っておくことが重要です。用がなくてもコンタクトを取っておきましょう。

仮にあなたがお客様の立場だったとして、営業のためだけに連絡してくる担当者というのはどう思うでしょうか？「いつも営業されてばかりで、なんだか嫌だな」と警戒してしまうのではありませんか？

加えて、普段から連絡を取っていなければ相手がどのような状態かを知ることが難しく、察することができません。「今はどのような感じですか？」とたびたび聞いておくことで、今はＡＩＤＭＡの「関心」だ、「欲求」だと5つの順番のどれに当てはまるのかがわかります。お客様の気持ちをリサーチしておかなければ、モノを売るといっても何を進めていいかわかりません。

したがって、いきなりモノを売ったり営業したりするのではなく、相手がどのような状態かをヒアリングすること。それを継続的に行うこと。お客様との関係性作りに徹することで、時期が来たときに「今が売るタイミングだ」とわかるのです。

第2条　売るのではなく欲しいと思ってもらう

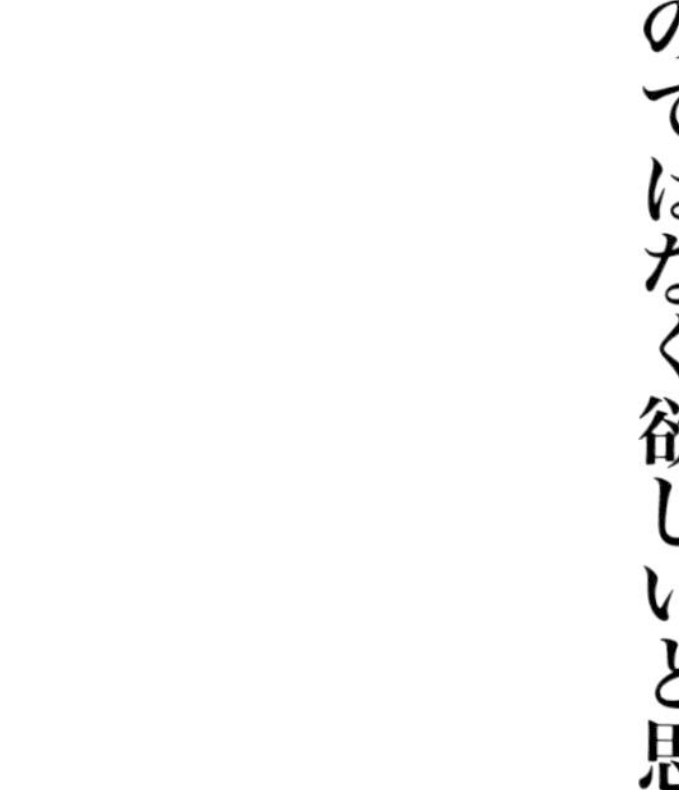

ＡＩＤＭＡの法則に「欲求」のステップがあるように、モノを売るためにはお客様に「欲しい」と思っていただくことが重要です。

では、それを自然に行うためにはどうすればいいのでしょうか？

いかにしてお客様のニーズを引き出し、商品に魅力的な価値を持たせておすすめするか、第２条でその考え方をご紹介します。

▼モノを買う目的は全員違うことを理解する

お客様がモノを買うときの目的は、いろいろなバリエーションがあり、人によっても違います。同じモノを買うにしても、全員の目的が違うのです。当然ながら、欲しい気持ちの強さも異なります。

予算も関係ありますが、とても欲しいのにお金がないというお客様もいれば、たいして欲しくはないけれども、お金はあるというお客様もいます。本当に人それぞれ状況は違うのです。

ＢｔｏＣでいえば、例えばオタク気質のお客様や推し活をされている方は、稼いだ金額を全額推しに注ぎ込んでしまうほどに欲しい気持ちを強く持っています。ご本人にとっては、それにお金を使えることを安いと思っているくらいです。

そのようなケースも考えると、金額の高い・安いというのは簡単に比べることができません。そもそも人によって大事にしているものの尺度が違うからです。

したがって、モノを買う目的を理解するというのは、つまりお客様が何に価値を置いているのかを押さえること。お客様それぞれがモノを買うときに持っている背景に想いを巡らせ、少しでも理解しようとすること。これが前提であることを押さえてください。

その人の生い立ちや欲しいモノ、価格など、何個も理由があってそのうえで人はモノを買っています。そのことを理解していなければ、モノを売ることは難しいのです。売れない人はそこを押さえていない方が多い傾向にあります。

どのような商品でも同じことが言えます。ＢｔｏＢでもＢｔｏＣでも同様です。

どの業界であっても世界中共通で、人間の本質とも言えます。何を売るときにも共通しているところなので、どのような性格の人でもこのポイントさえ押さえれば、モノを飛ぶように売ることができます。

口下手な人でも構いません。お客様の心の内、本質が見えていればいいわけです。

接客中にガンガン話せなかったり、言葉がうまく出てこなかったり、滑舌が悪かったりと気にしている方がいても、物事の本質を掴んでいればお客様から信用されます。

逆に掴めなければ、その人から買いたいとは思ってもらえません。合っていないモノをお客様はすすめられてしまうからです。

お客様が本当に求めるモノかどうか、答えが合っていればいいのです。

▼手に入れた先の未来を語ることができる

突然ですがちょっと目を閉じて想像してみてください……。

テーマパークに行く前日。

海外旅行に出発する際の空港のロビー。

ずっと憧れていた人に会えることになったとき。

ダイエットに成功して着てみたかった服を試す瞬間。

とびきりの体験の直前にある、気持ちの盛り上がりを表現するとしたらどのような言葉がしっくりくるでしょうか。

お客様が商品を購入する際には、それを手に入れない未来と、手に入れた未来の違いがあります。手に入れた未来では幸せな体験をしているはずです。

今、まだ体験していないワクワクをどれだけリアルに感じていただけるか。想像の許す限り幸せな体験をお客様に想像していただきましょう。そうして「喉から手が出るほど欲しい」という気持ちにさせるのです。

モノを売るときにお客様に欲しいと思っていただくためには、手に入れたあとに体験できる未来を、心を込めて語ることが大事です。お客様が何を求めているかに応じて、期待を高めていただけるように未来を伝えます。

あるいは、お客様が想像していない未来を言うことです。売るのではなく欲しいと思ってもらうためには、お客様が知らない、お客様ご自身のことを話します。

お客様は知らないかもしれないお客様の未来を、私たち売り手側が作ることで潜在ニーズを引き出します。購入目的が明確ではない、まだ何かを買おうとは思っていないお客様にもアプローチができます。

例えば、このようなやり取りでアプローチが可能です。

【例】

販売員「お客様、こういうモノを持っていませんか?」
お客様「いや、特に使ったことはないし、持っていないですね」
販売員「じつは持っていると、こんなに良いことがあります。このような使い方もできますよ」
お客様（そうなんだ。持っていると良いことがあって、使い道もありそうだ）

このように、モノを持つ未来をお客様にしっかりと伝えることが欲しいと思ってもらうコツです。お客様が自覚していない素晴らしい未来を、売る側は作り出すことができます。どのような商品でもこの考え方ができるように、具体例を挙げてみましょう。

・自動車の運転免許
・1冊の本
・洋服

まずは自動車の運転免許です。教習所に通っている間は、教習を受けている1時間や2時間という時間に対してお金を払っているように感じてしまうでしょう。

それでも、自動車に乗ることができる何十年もの未来が手に入ることを考えてみてください。ドライブする楽しさや快適さ、移動手段が増えるという利便性が手に入ります。たとえ費用が高くとも、お金を払いたいと思う方は多いのではないでしょうか?

勉強にも似たことが言えます。1冊の本の値段も、本そのものは2000円前後です。それを読んで学ぶことで、自分の考え方と思考と行動が変わるのであればどうでしょうか。何十万円、何百万円とかかってしまう高額なスクールに通うことよりも、1冊の本のほうが非常に安いですよね。

洋服で言えば、その服を着てデートに行くという未来。幸せな経験ができて、思い出になって、一生記憶に残って写真にも残る服。その服は非常に大きな価値を持ちます。

「家にあるモノをパッと着ていけばいいや」ではなくて、その日のために着ていく服をわざわざ探すという体験自体がそもそもワクワクしています。お客様にとっては「そんなふうに探したな」という思い出も残ります。

その瞬間には、お客様はそのことに気づいていません。何年も経った頃に、それが特別な思い出になっているのです。

お客様にとって「値段が高いけれど、これってどうなのだろう?」と悩まれるときに、コスパを考える方はいます。一見すると高く見えてしまう値段でも、目の前にあるモノだけの値段だけではなく、それを使った未来の自分の人生が変わるかもしれない値段。そのことを考えると、コスパが良いか悪いかは変わってきます。

あなたは自分が売ろうとしているモノの価値を、原価が何円で、粗利が何円で……といった考え方をしていませんか？

お客様の未来が変わる魔法の道具を売っているのだと思うと、その商品には大きな価値が生まれます。それを手に入れた先でお客様の日常が変化し、新しい経験を増やしていただけるのです。その価値を、お客様に気持ちを込めて語ることができるようにしましょう。

▼自然と単価を上げる

誰だって「売らなければいけない」と思うと、すごくプレッシャーがかかりますよね。その日の予算や日割計算をすると、その金額に合わせて「このお客様にはこのくらい売らないといけない」と考えるようになり、非常にプレッシャーがかかります。

例えば、１つのモノを売るにしても、この1個だけだと目標の金額にいかないので、このお客様にはあと何点買ってもらわなければいけない。単価はいくら以上のモノをすすめないと予算まで到達しない。それが毎日続くと、非常に売るのがつらくなってきます。

さらに日割りまであといくらか、今月まだいくら足りないと考えると、目の前のお客様に集中できず、数字に追いかけられているような毎日になってしまいます。精神的に追い込まれ、仕事がつらくなってしまうはずです。

そういうときこそ、「お客様のために」と考えたうえでのおすすめが、気持ち良くお買い物していただけて売り上げも作れる1番良い方法です。

単価を上げることにも、この考え方が当てはまります。お客様がどうしたいのか。どうなったら最も幸せで満たされるのか。それを聞いて「このような方法もありますよ」と提案しましょう。


単価アップでいえば、セット売りが例として挙げられます。

お客様が今買おうとしているモノにセットで、AとBとCを付け加えるとこんなに良くなりますよと提案します。あるいはそもそも購入しようとしていた商品ではなく、アップグレードした商品がいい場合もあります。

使う頻度が多ければ、お客様が買おうとしていた商品をやめていただいて、あえて別の商品にする場合もあります。これらの方法で単価が上がります。


大事なポイントは、お客様にとって1番良い未来は何なのかを想像することです。セット販売も必ず悪だというわけではありません。売りつけようとしているのではなく、お客様を最高の状態で送り出すという意味なのです。

例えば、レディースファッション店での接客販売で、お客様がとても気に入ったシャツがあったとします。それに合わせるために店内にある白色のパンツを追加でおすすめして、試着していただくとしましょう。

すると、お客様が「白いパンツなら自分でも持っています」とおっしゃっています。あなたならばこの状況でどのように接客しますか？

ここで素直に食い下がってしまう人は、残念ながら売れない人です。お客様がお持ちの白いパンツというのは、今試着しているモノとは違いますから、ご自宅で着てみたらコーディネートしづらいかもしれません。お客様は楽しみにしていらっしゃって、新しく買ったシャツと自分が持っている白いパンツを合わせようとしているのに、家に帰って着てみたらまったく似合わないかもしれません。ショックを受けて傷つくかもしれないという未来を想像するのです。

お客様の持っている白いパンツを否定するのではなく、万が一その白いパンツとは合わせることができなかったときのために、「このシャツにはこういう合わせ方も、こういう合わせ方もできますよ」と他のパターンも複数紹介しておきます。そうするとお客様も「それなら家にあれがあるかも。これもあるかも」とコーディネートのバリエーションが増えますから、お買い上げしてご自宅に帰ってからもショックを受けることがなくなるかもしれません。

今挙げた例のように、服に関しては手持ちのアイテムと家で合わせようとして、合わないことが頻繁に起こります。どのようなお客様もその失敗を経験されているはずなのに、お買い物をするときにはなぜか忘れてしまうのです。

本来であれば購入して幸せな気持ちで「良いお買い物ができて嬉しい」という気分になっているはずなのに、楽しみではなくなり、失敗したと思ってしまいます。

それは売り手側にとっても失敗だと思いませんか？

せっかくお客様に商品を買っていただいたのに、喜んでいただけていないのですから。

その失敗のリスクをなるべく減らすために、私はお客様に他のコーディネートもご案内しておきます。他にも「この茶色いスカートもありますよ。これを合わせても可愛いですよ」と別のアイテムもご紹介して、試着していただきます。お客様がご自宅に帰って、白いパンツが合わなかったときには他に試着していたスカートを思い出し、それが欲しくなります。そうすると、また買いに来てくださるのです。

「買ったシャツを家で着てみたら、白いパンツが合わなかったんです。もう1枚試着したスカートが気になっているので、あれをもう1回着てもいいですか？」と。

「とてもお似合いでしたよね」と答えると、そのスカートも気持ち良くお買い上げいただけます。今の例のように追加で買っていただくには、お客様のニーズに合うモノを提案することが絶対に必要です。

他の商品をおすすめすることが苦手で、お客様の考えを否定するような提案ができないという方は、お客様の言葉をすべて鵜呑みにしていませんか？

売れない人は「お客様はこう言いました」とお客様のせいにしてしまいます。お客様は基本的にはプロではありません。商品を選ぶことが苦手なお客様だっていらっしゃいます。そのことを理解したうえで、丁寧に接客・提案しなければなりません。

お客様に聞かれたことのみに答えるのではなく、わからないことを教えて差し上げるのが仕事です。それにも関わらず、聞かれたことのみに答えるだけでは仕事をしていないことと同じなのです。

このように、お客様にとって何が必要か。何があったらお客様の幸せになるのか。お客様の満足を突き詰めて考えると、結果としてたくさんのモノをおすすめすることになります。お客様にとって何もおすすめされなければ、生活に変化はありません。おすすめされて購入したことで人から褒められて嬉しくなったり、仕事にやる気が出るようになったりするかもしれないのです。

何も買わなければ、感動を体験することはありません。今できる最大限のおすすめをすることで、そのお客様は新しい体験を手に入れることができます。

さらに1つの価値だけではなく「もしかしたらこんなシチュエーションもあるかもしれない」「こういうシーンでも使えるかもしれない」と想像を膨らませて、使用方法や使用機会を提案することも可能です。お客様が考えつかなかった未来を想像することによって、お客様にはいくつもの価値が生まれるのです。

1つの商品に対し、1つの目的でしかお買い求めいただけなかった場合に関しても、何パターンも使い道が見つかることによってお客様の満足度が高まります。お客様にとっても払った金額以上の価値を手に入れることができます。

そのためには自社で扱う商品をマニアとも言えるくらい好きになり、商品分析をすると良いでしょう。他社に比べて劣っている点があるのであれば、そこも徹底的に突き詰めるべきです。

他社に勝っている点に関しては、もっと大きく広げて考え、どのような販売シーンでも対応できるように何パターンも答えを用意しておくことが基本です。

また、単価に関しては前提として理解しておいていただきたいことがあります。お客様はその業界の人ではない限り、素人だということです。

あなたがお客様のためを思って提案したときにも、お客様は「なぜ自分が選んだモノではいけないのか」と、きょとんとしながら不思議に思っていることでしょう。納得いかないという顔をされる場合もあるはずです。

私が販売してきた商品では、特にウェディングドレスはそうでした。普段着る洋服ならば皆さんも見慣れているかと思います。では、ウェディングドレスはどうでしょうか？　どのように選べばいいいか。何がいくらくらいの金額なのか。何が流行っているのか。それぞれご存じでしょうか？

これは業界の人でないと難しいでしょう。実際に購入経験がなければよくご存じではないかと思います。

私が担当したお客様のなかには、ご親戚からいただいたというティアラを持参される花嫁、ドレスの裾を広げるために着用するパニエをご友人から譲ってもらって持参される花嫁もいました。それらは花嫁の選ぶドレスにはまったく合わないことが私には当たり前のようにわかっているのですが、肝心の花嫁はそれがわかっていないのです。花嫁はドレスに関しては素人ですから、仕方のないことです。

何を売るにしても、お客様が業界の人でなければ、そもそも単価や選び方がわからないこともあります。お客様から「ＡとＢでどうしてこんなに金額が違うのですか？　他社だともっと安いですよね？」と言われてしまうことがあるのもそれが理由です。

そのことは前提として押さえておいてください。売り手のほうがプロであり、お客様は素人です。だからお客様は質問するのです。

お客様にとって1番良い未来を想像して、プロとして商品の説明・提案を行ってニーズに合うモノをおすすめしましょう。それが自然と単価を上げる考え方です。

▼売れる人は「話上手」か「聞き上手」

話好きで、話が上手な人は売れると思っている人は多いかもしれません。それはある意味では正しいのですが、本質は違います。

売れる人とは、「対話」を大切にする人です。

対話とは、単に互いに向かい合って直接話をすることではありません。言葉を交わすなかで、新しい価値や気づきが生まれ、互いに何らかの変化を来たすもの。それが本当の意味での「対話」です。私たちが想像している以上に、対話には大きな力があります。

人間関係の構築にも、信頼関係を作ることにも、ときには人生を変えることにも影響を与えます。なぜなら、対話とは自分以外の人を深く知るためのコミュニケーション手段だからです。

売れる人が対話に価値をおくのは、その本質を熟知しているためです。私も対話を重んじるやり方に変えてから、良い人間関係に恵まれて仕事もうまくいくようになりました。

売る本人が話さなくても構いません。売ることにおいて重要なのは、お客様から情報を引き出すこと。つまり、話好きな人と聞き上手な人が売れるのです。

対話に価値をおくからこそ、相手からまだ見ぬ情報が引き出せます。それをお客様に気づかせることができ、良い提案ができるのです。

お客様自身が「今日はこれを買いに来ました」と言ったはずなのに、話しているうちにそれが真の目的ではなく、本当に欲しいのは違うモノだったとその場で気づくことができます。

対話する相手は、お客様だけに限りません。

上司・部下間での対話、同僚との対話にも同じことが言えます。相手を理解しようとするために話すこと・聞くことに価値を置くからこそ、相手の事情がわかり、良好な信頼関係を築くことやビジネスの成長・強化にも結びつくのです。

本書の「はじめに」では、部下たちに夢を語ってもらい、仕事をしながら実現させていったことをエピソードとしてお伝えしました。これは私が部下との対話を行った例の1つです。当時に実践していたことがありますので、詳しくご紹介します。

まずは一緒に仕事をする人に、その人自身の棚卸しをしてもらうことです。

履歴書に書かれているだけではなく、生まれてからこれまでの出来事をすべて洗いざらい書き出してもらいました。できること・できないこと、好きなこと・嫌いなこと、その人の特性のすべてです。これは私が部下のことを知るために取り組んでもらったことです。

この方法を取り入れた理由としては、私自身にも思い込みがあり、その人のスキルを伸ばすことや、本当に良いところを見つけ出すことが、自分だけの価値観になってしまうことがよくあるためでした。

人と会話するときに、話しているなかで「この人はこれが得意だ」「これが苦手だ」と勝手に決めつけてしまうことがあります。しかし、実情はそうではないことが非常に多いです。

この人はこれが苦手だろうと思っていたことが、じつは誰よりも伸ばせる人だというケースもあります。それは自分自身も、周囲から同じような評価を受けがちなところがあると思います。

そうした決めつけがあると、チームは良くなりません。疑心暗鬼になったり、表面的な関係で終わったりしてしまいます。本当の意味での信頼関係を築くことは難しくなります。

子どもの頃に何が得意だったか。褒められた経験はあるか。できなかったこと、記憶に残っていること。そういうものを一度書き出してもらいます。

賞を取った経験があればそれも教えてもらいます。立派な賞でなくても構いません。自分がとったという自覚があって、それが自信になったものであれば何でもいいのです。履歴書に書けないようなことを書いてもらいます。

本人の経歴というと、履歴書にはＴＯＥＩＣのスコアが何点か、英検何級か、普通自動車免許といったことしか書かれていません。それでは本人がどういう人なのかがわかりません。ＢｔｏＣでもＢｔｏＢでも、モノを売る・営業することに関して、知りたいことはそれではありません。履歴書には書けないその人の特性や技能、能力、特殊技術、スキルなど、本当はそれらを最も知りたいのです。

例えば「スポーツで全国大会に行きました」「国体の選手でした」という情報です。それで仕事を獲ることができます。「ナンパがうまい」「合コンに行きまくっていました」でもいいのです。そういう情報を知っていると、得意不得意が明確になります。

このようなやり方は、なかなかまとまらないチームにも生かすことができました。私が会社を辞めるまでこのやり方を続けていたので、別の例もご紹介します。

例えば、年の差が離れていて他のチームではうまくやれなかった人が、自分のチームに入ってきたケースです。新しいチームでもやはりうまく信頼関係が築けずに「またあの人が……」と言われてしまったときがありました。

その場合でも、同じことをやりました。すると、ただの怒りでしかなかったものが、誰も怒らなくなります。なぜその人がそうなのかという理由が全部わかるためです。怒りが収まったり許せたりできるようになります。

基本的に、誰もが自分のことを優先してしまうものです。人を応援するというのはエネルギーが要るため、常にできることではありません。

それができるようになるには、その人のことを深く知り、その人が抱えるつらさや苦しみを知って「できない理由がわかること」が大事です。その人を表面上だけで判断せずに、本当の意味で理解することで許せるようになります。

職人気質な方のなかには「良いモノを作れば売れる」「売れないのは売る人の説明が下手だからだ」と言う方も少なからずいらっしゃいます。商品が良いモノであることは前提です。その商品は、売り手と買い手の間にある存在に過ぎません。

私たちはモノを介して、相手とコミュニケーションを取っているのです。そのことをどうか忘れないでください。

▼目の前の人に深く興味を持つ

前節を読んで、売れる人になるために、対話を大切にするには何をすればいいのか、ただ話す・聞くだけではいけないのかと疑問を持った方もいるかと思います。

私からのアドバイスとして伝えたいことは、目の前の人に深く興味を持ってほしいということ。それが対話への第1歩です。

興味を持つからこそ相手を本当の意味で知ろうとする意識が生まれますし、相手の事情がわかったうえで会話ができるようになります。興味を持たなければ、表面的な理解や決めつけのままで終わってしまいますから、信頼関係を築くことも難しいのです。

私が店長時代に経験したなかでも、その大事さを知ったエピソードがありますのでご紹介します。

以前に私が店長として働いていた店舗に、人との距離感を掴むことが苦手な女性スタッフが入ってきたことがありました。同じ店舗のスタッフたちが怒ってしまい、「店長、もうあの子無理です！」と泣きつかれたときに、スタッフ全員を揃えて話をしました。

その女性スタッフの生い立ちから現在に至るまでを聞いて、特殊な環境で育ってきたことや、過去にいじめに遭っていたことがわかりました。そのせいで人との距離が掴めない。家庭環境も特殊で、裕福で極端な育て方をされていたために、学校にも馴染めなかったそうです。そのスタッフ自身も、何が正しいのか判断がつかなくなっていたのです。それを「変わりたいと思って、この職場に入社しました」ということでした。

優秀だけれども、向いているのは技術職。接客業には向いていません。学校の成績は優秀で、大学院も出て首席で卒業していました。そんな彼女が自分の人生を変えるために、勇気を持って入ってきたのです。

本人が「変わりたいんです」と言い、それを聞いたスタッフたちも「それならしょうがないか」と溜飲を下げました。彼女と同い年で、タイプが真逆のギャルっぽい性格のスタッフもいたのですが、きちんと話を聞く以前は「嫌い」と言って喧嘩になっていたところが「協力するから」と仲良くなったのです。

その人についてわかっていることに関しては、人は許せるようになります。わからないから怖くて嫌いなのです。わかっていれば、自分と同じでなくても大丈夫になります。相手とは必ずしも共感しなくてもいいのです。

自分とタイプが同じだから好きということではなくて、全然違ったとしても認め合えるようになります。お互いにそれができるとチームが強くなります。

今までの話は、「モノが売れる人とは関係ないのでは?」と思う方も多かったことでしょう。ですが、じつはお客様を相手にしたときにも通じる部分があります。

例えば、売れない人はクレーム対応で「このお客様はなんで怒っているのだろう」ということがわからないときに失敗してしまいます。お客様の怒っているポイントがわからずに、「お客様はこう思っているのではないか」と決めつけてしまうと、どんどん違う対応をして空回りしてしまいます。お客様も「なんでそんなことをするんですか!」とますますお怒りになってしまうのです。

のちほど第7条の「▼クレームから宝を探す」で解説しますが、売れる人はクレーム対応からＶＩＰ顧客を作ることができます。それを実現させるために、目の前のお客様を理解しようとするマインドが、売れる人にはあるのです。

苦手なお客様というのは、売る側にとって誰にでもいます。自分にとって理解できない人やよくわからない人は苦手なのです。

それは同僚同士でも、上司部下の関係でも同じです。その人のことがわからないと恐怖でしかありません。何を考えているのか、怒っているのかどうか、怖くて嫌になってしまいます。それは誰にでもあるものです。

したがって、相手のバックグラウンドを決めつけないで知ること。目の前の人に興味を持ち、深く知ろうとすることが大切です。

売れる人はそれを実践することで、お客様への理解が深くなり、ニーズを引き出すことができます。引き出した情報からお客様にとっての1番良い未来を考えることができて、お客様が「欲しい」と思えるモノを売れるのです。

第3条　お客様は嘘をつくことを理解する

あなたはお客様から聞いた話に対して、それが本当か嘘か、疑ったことはありますか？

売れる人はお客様が嘘をつくことを理解しています。お客様が話したことをそのまま鵜呑みにはしません。

お客様にも、本当のことを言えない事情があります。会話のなかで語っている話が本音ではなく建前の可能性もあるのです。それを理解していなければ、お客様の本当のニーズは掴めません。つまりモノが売れないのです。

第3条ではお客様がつく嘘とは何か、それに対してどう対応すべきかお教えします。

▼お客様は滅多に本音を言ってくれない

お客様には本音と建前があります。いつでも本当のことを言っているとは限りません。お客様が言っている話が嘘かもしれないと思って、しっかりと真のニーズを引き出すことが大事です。

例えば、本当はお金がないけれどもそうは言えない。羞恥心や見栄、プライドなどお客様の心情を察しましょう。

当然ですがお客様を傷つけてはいけません。お客様を気持ち良くさせたいのです。傷つけずにプライドも守った状態で、快適で気持ちの良い状態でお買い上げいただくこと。それをスムーズに行うこと。これができる人は非常に売れます。

売れる人は、どのようなテンションの人でも、どのような性格の人でも、とてもゆっくり話す人でも、その点をしっかりと押さえています。お客様の言葉を額面どおりには受け取りません。「お客様がこう言いました」という話をそのまま受け取らないのです。

よくある例としては、提案中にお客様から「他も見てみます」と言われ、断られてしまうことがあります。売れない人はそのお客様が、本当に他と比較しているのだと思ってしまうのです。

実際にはお客様が言う「他も見ます」という言葉には、いろいろな意味が含まれています。お金がなくて買えなかった、本当はもっと別のモノが欲しかった、その担当者の対応が気に入らなかったなど、本音をその場で言うことは滅多にないのです。

口頭だけではなく、インターネット上でのアンケート入力も、ご入力いただいた情報が全部嘘の場合もあります。年収すらも嘘を書く方がいらっしゃいます。

私もお客様にクレジットカードのご入会をおすすめする勧誘を行っていた時期がありました。「カード会員になりませんか?」と店頭でご紹介するのですが、ご案内用紙を記入いただくときに年収を書く欄で止まってしまう方もいます。見栄やプライドが邪魔をして、本当の年収を書くことができないためです。

大切なことは、お客様の話を否定しないで、落ち着いて現状を把握することです。本音と建前があることを理解し、お客様の心情を察すること。そして真のニーズを掴むことが必要なのだという意識を持ちましょう。

▼お客様の嘘を見抜く

そうはいっても、お客様の嘘を見抜くのはそう容易いことではありません。

では、どうすればお客様の嘘を見抜けるようになるのでしょうか？　話し方のテクニックがありますのでお教えします。

まずは、話を脱線させることです。

お客様が「こういう理由でこういうモノが欲しいんです」と話していたとして、その部分だけを真に受けてしまうと、真のニーズとは違う可能性があります。

このときに、話を脱線させてみるとお客様の素顔が見えてきます。その様子や話しぶりから本音が見えてくるのです。売る側にとって「もしかしたらお客様の欲しい商品は違うのかもしれない」と違和感に気づくヒントが出てきます。

例えば「長く使える無難な喪服が欲しい」という女性のお客様で、それがご自身の意志ではなく、お姑様にそう言われて買いに来られる方がいらっしゃいます。お客様ご本人には無難な喪服が欲しいという気持ちが1ミリもないのです。

このお客様に対して、話を脱線させて普段の生活や家族関係などを聞いてみると、ご本人のキャラクターや価値観に合わないニーズだということが会話から見えてきます。今の例では、お客様は「喪服は普段着ないものだから、お金をかけることがもったいない」と考えていることが会話からわかるのです。

15分から20分ほどで終わる接客であれば、そこまで深くは聞き出すことが難しく、お客様にとっても触れられたくないことがあるかもしれません。話を脱線させられないほど短い時間では、お客様の嘘を見抜くことは難しいものです。

そうはいっても、本当のニーズが他にもあるのであれば、売る側はお客様にとっての真のニーズに合うモノを提案することが大事です。

したがって、短時間の接客であれば、まずは「お客様のニーズに対してぴったりなのはこちらです」と、最初に言われたニーズに合う商品を提案すること。そして「困ったことがあれば何でも相談してくださいね」とお客様に伝えます。

売り上げを作るためにいる販売員ではなくて、お客様の悩みに寄り添う相談員として今ここにいます、というスタンスを伝えるのです。

急いでいるお客様ほど、こんなところで見栄を張っても仕方ないかという気持ちになり、ある意味、肩の荷が下りるのです。売る側も「できる販売員」を気取る必要はなく「お世話係」に徹します。そのうえで「今、何が必要ですか？」とお客様にストレートに聞きます。できるだけまどろっこしい説明は抜きにして、言葉はシンプルなほうが良いです。それらを行うことで、話を脱線させられないほど短い時間でも、お客様の嘘を見抜くきっかけを作ることができます。

さらに、脱線した会話から本音が見えたときには、別の選択肢を提案します。

「ご要望のAとは違いますが、他にも今人気でBという商品もあります」
「値段は上がってしまいますが、長く使えるCの商品もいいですよ」

このように別の選択肢も見せてあげることで、お客様の本音に寄り添う商品を提案できます。お客様が本当に欲しい商品であれば、それを購入いただけます。
先ほどの喪服を買いに来た女性のお客様であれば、次のように別の選択肢を提案します。

【パターン1】

・お子様の卒園式でも使えそうな、可愛らしいリボンがついている喪服を提案する。
↓気に入っていただけた場合には、他のシーンでも使えてお得であることをお姑様にもわかりやすく伝えられるように、箇条書きでまとめたメモをお渡しする。

【パターン2】

・リボンが取り外しできるデザインの喪服を提案する。
↓リボンを外せば無難な喪服にできることで、お姑様にご納得いただく。お客様ご本人にも、他のシーンで着られるようにアレンジを提案する。

場合によっては、お客様が単純に商品について知らなかったために、お客様のニーズとは違うことを言っていることも珍しくありません。それは話をしていくなかで、お互いにやっとわかる場合もあります。

ＢｔｏＢにおいても、お客様に本音と建前があることは共通です。

担当者レベルでは「本当はもっとこういうふうに変えたい」と思っていても、会社の方針で選べないという状況の方はいらっしゃいます。「会社の状況的に今はこうだから、こういう内容で依頼させてください」と担当者の意見とは違うことを求めているケースです。この場合は、雑談をするだけではなかなか本音が引き出せません。

本音を引き出すためにおすすめの方法があります。それは、他のお客様の話をすることです。

お客様が「Ａが欲しい」というニーズを持っていたとします。仮説を立て、本当はお客様はＡではなくＢを求めているのではないか、Ｂのほうがよさそうだと想定したとしましょう。そうなったときには、Ｂを買うお客様の話をします。

「Ｂを買うお客様は◯◯で、Ｃを買うお客様は△△です」

このように他のお客様がどうなのかを試しに言ってみます。これがテストクロージングにもなります。

するとお客様は「そうですよね。一般的にはBやCを選ぶ人が多いですよね。だったらBがいいかな」と、見立てどおりのニーズに着地します。

ただし、当然ながらそれで他のお客様のことが特定できるような情報を伝えてはいけません。あくまで個人の特定ができない範囲で使ってみてください。

このように、まずは売る側が仮説を立てたのちに「他のお客様でこういうお客様がいました」と言うことはいくらでもできます。お客様にとって嫌味にならない話題なので、本音を引き出すテクニックとしておすすめです。

▼真のニーズさえ掴めれば誰だって飛ぶように売れる

売れない人というのは、お客様のニーズに対して提案が噛み合っていません。どのような売り方であっても、お客様のニーズに噛み合っていれば売れます。

下手（したて）に出てゆっくり丁寧に接客するやり方でも、お客様のニーズに合っていて、押さえるべきポイントを押さえていれば売れます。お客様のトーンに合わせて、ハイテンションで「どうなんですか！」とグイグイおすすめしても、お客様が求めているポイントを全部押さえれば売れるのです。

売り方の種類はたくさんあっていいですし、人によって個性があって良いと言えます。

冒頭で売り方のタイプは3つあると紹介しましたが、①リーダーシップタイプも②サポートタイプも、話し方やご案内の仕方が違うだけで、売り方の手順は同じなのです。

本書の最初にも触れたように私はリーダーシップタイプ、弊社のPR・ヘアメイク・接客エキスパートの細山はサポートタイプと異なりますが、モノを売るときの手順は同じです。

最初にこれ、次にこれという手順は共通しています。

第1条のＡＩＤＭＡの法則でも触れたように、売れない人の場合、順序も違ったことをしてしまっています。「今はそれじゃない」ということ、例えば「まだお客様には説明が必要なのに、もうクロージングをしてしまう」といったＮＧ行動をとってしまっています。

さらに言えば、売れない人はお客様のニーズを掴む深さが浅いという特徴もあります。「お客様がこう言ったからこうしました」と言う人がいますが、それが間違っていることもあるのです。

お客様が話す内容を素直に受け取り、その言葉だけにしたがって行動すると、それは残念ながら的外れだということです。そのような接客では、モノはなかなか売れません。

モノを売ることにおいてお客様のニーズを掴むというと、一般的には「この質問をして、こうお客様に答えていただきました」という話になりがちです。しかし、そうではありません。それでは本質を掴めていないのです。

お客様の言葉そのままではなく、表情などから言葉の裏にあるものを読まなくてはいけません。

つまり、表面的なニーズではなく「真のニーズ」を掴むこと。そしてそれはお客様の口から言わせなくてもいいのです。

言わせずにお客様の本当のニーズを掴むことができる人、察することができる人こそが、モノが売れる人です。

▼お客様を傷つけずに空気を読んで提案する

お客様には言いたくないことがあり、それを隠すために嘘をつくことも、何も言わないこともあります。そうした顧客心理を知ってモノを売らなければ、お客様を傷つけてしまうことも押さえてほしいポイントです。

例えば、販売員が「このお客様は、本当は予算がなくて、◯◯円くらいしか買えないんだろうな」と思ったとしたら、提案のなかで「こちらの商品のほうが安いので、安いほうがいいんじゃないですか?」とストレートに言うのではありません。そうではなくて、別のメリットを伝えてあげるのです。

「こちらの商品は安くて、こんなふうに使えて、こんな良いことがあるのですごくお得ですよね」というご案内の仕方にします。他にも「これはとても良いモノですよ。買って安心ですよ」とお墨付きをつけるご案内のやり方もあります。

お客様にまったく高い商品もすすめないことは、それはそれで失礼になります。お客様にとって「安いモノしかすすめられなかった」というのは、実際にはお金がなくて安いモノしか買えないのだとしても、高い商品を一言もすすめられないと傷つくのです。「足元を見られたんだな」と思ってしまいます。

そのお客様は、今は買えないかもしれませんが、もしかすると将来買えるかもしれません。今後お金が入ってきたり、何かがうまくいったりした際には、またお店に来ることだってあります。その可能性もあるのに未来の芽も摘んでしまうと、そのお客様は将来のお客様にもならないのです。

したがって、今買える商品を予測したうえで、もっと良い商品も提案します。

お客様の今使う目的や、すぐ使わなくてはいけないという事情など考慮すべきことはいろいろとありますが、お客様が話した情報に対して、「でも、この商品でもすごくいいですよ。おすすめできますよ。安心ですよ」ということを伝えてあげます。

お客様のプライドを潰さないようにして、立ててあげること。安いから悪いモノというわけではなくて、「十分使えて良いモノで、今回はこれをおすすめします」という流れに持っていくのです。

それはどのような伝え方でも構いません。元気いっぱいに伝えてもいいですし、ゆっくり丁寧に伝えてあげてもいいのです。伝え方はどちらでも良くて、手順はどちらも同じです。売れる人はこのようにご案内しています。

逆に売れない人は、全然違うことをやってしまっています。

例えば、お客様がお金はないけれどもお金がないとは言えないときに、高いモノだけを提案して、安いモノを「これはたいして使えませんね。どうせ何年しか使えませんね」と言って下げてしまうケースがあります。高いモノだけをすすめると、お客様はますます買いにくくなってしまいます。

そうするとお客様は「他のお店も見ていきます」と言って帰ってしまうのです。どの商品も買えないからです。

別のパターンでは「このお客様はお金がないんだな」と思ったときに、あからさまな態度を取ってしまうケースもあります。高いモノや他の商品をすすめるわけでもなく、安いモノだけを提案してしまいます。

「このくらいの予算のほうがいいですよね」と決めつけてしまうと、それはお客様に対して非常に失礼です。売れない人はこの点において、空気を読むことができていません。

お客様のなかには「お金がない」と言いながらも、実際にはお金持ちの方もいらっしゃいます。お金持ちだったとしても「私は資産が数億円あります」とわざわざ言う人はいませんよね。身につけている持ち物でもわかりません。

よくイメージされがちなのですが、お金持ちかどうかを判別するには時計や靴を見ろという話を聞いたことがある方もいるのではないでしょうか？

本物の資産家でそのようなわかりやすい方は、私の感覚としてはあまりいません。お店ではたまに全身ブランド物を身につけている、いかにもお金持ちそうな方もいらっしゃいます。しかし、お話を聞いてみると確かに高収入のお仕事ではあるものの、資産があるわけではないケースが多いのです。

一方で、本当のお金持ちの方は質素な装いをしています。例えば、地主の娘さんなどはいい例でしょう。長い間裕福な状態の方は、たいてい資産を持っており、普段は落ち着いた雰囲気の方が多いものです。

第４条　売れない理由から逃げない

モノが売れなかったときに、自分の外に理由を作って逃げてしまうことはありませんか？売れない理由を外に作って放置することと、売れない理由を分析して次に活かすことは、似ているようでまったく別です。前者は売れない人の考え方で、後者が売れる人の考え方です。

売れない人は、体調が悪いから、お客様の好みではなかったから、商品が他社に比べて劣っているからなど、何かのせいにしたあとに放置することを選んでしまいます。そうしてしまうのは失敗の責任を問われることが怖いためでしょう。

売れる人は、売れない理由から決して逃げません。どう攻略するかと思考を切り替えて、次への1歩を踏み出すのです。

▼紙に書き出して見える化する

「売れない理由から逃げない」とは言いましたが、実際に売れないことが続けばつらい状況に苦しんだり、悲しくて落ち込んだりしてしまうものです。

悲しい気持ちになったときに、その感情を無理に抑え込む必要はありません。自分の負の感情に気づかないふりをしなくていいのです。

モノが売れないことも含めて、世の中のつらいと感じることに共通する話ではありますが、負の感情に無理やりフタをするのは、まったく解決してはいないので深層心理で納得ができません。強引にテンションを上げたり、頑張ろうとする気持ちを奮い立たせたりすることは嘘になるので、本当の意味であなたの力を発揮することができなくなってしまいます。

したがって、つらい気持ちにはフタをしないこと。売れないときには落ち込んでも良いのです。

あなたが「私は今、悲しい」という気持ちを素直に感じていただくことは大事だと思います。そうやって客観的に自分の状態を理解したあとに、そこから抜け出すために前へ進んでいきましょう。

1つだけ注意したいのは、お客様の前では落ち込まないことです。落ち込むこと自体は我慢しなくて良いのですが、お客様の前で態度に出すことだけは避けてください。

次にやっていただきたいことは、紙に書き出すことです。

悩んでいることや嫌な感情を全部紙に書いてみます。これはモノが売れないときもそうですし、何かうまくいかないことが起きているときにも使える方法です。ノートやスケッチブックに全部書き出すと、気持ちがすっきりしてラクになります。

アウトプットすることで、自分が責められている感じではなくなっていきます。物事がうまくいかないときにつらいのは「自分のせいだ」と思ってしまうためです。できなかったことが後悔になりつらくなってしまうのですが、それを客観的に見ることによって「私の個人的な人格が責められているわけではない」と考えられるようになります。

紙に書き出すときには、表を作ってどのような理由だったかをまとめることも良い方法です。一覧にすると、対処できることとできないことがあるのも見えてきます。自分で対応できるのか、環境やタイミングのせいなのかなどを分けることで、次に行動できることを考えられるようになります。

例えば、次のように書き出してみます。

【売れない理由と対策例】

・金額が高いから買えない ↓ 支払い方法やお得になる期間の案内
・使う機会がない ↓ 機会の提供／ライフスタイルのヒアリング、使用機会を提案
・すでに持っている ↓ 他社から乗り換えのメリットや2つめの必要性を提案

一般論や思い込みから「通常はこうであるはず」と決めつけてしまっていることも多いため、前提を疑ってみることが重要です。

こうして売れない理由を客観的に見える化すると、それに対しての対策をどうするかとい

う問いになります。

例えば「金額が高くてお客様が買えなかった」という理由で売れなかったケースがあったとします。本当に予算があれば買っていたのでしょうか？　それが理由なのであれば、支払い方法やお得になる期間の案内が必要です。しかし、あなたが違うかもしれないと感じたのであれば、別の理由だったのかもしれません。

客観的に見ることで、その問題を探っていくことができます。今までのつらい状態から、違う仕事をする感覚へと切り替えることができるのです。

売れない理由の見える化をしないと、ずっと悲しくて落ち込んでいる状態に留まってしまい、いつまでもつらい状態から抜けきることができません。お客様に対しても良い接客ができず、良いパフォーマンスを発揮することが難しくなります。お客様との関係にも響いてしまうでしょう。

次にできるアクションがわかると、1歩ずつでも前に進んでいけます。そのために紙に全部書き出して、そのつらい状態を終わりにすること。逃げないことを選べば、早く脱出できます。

売れない理由があったときに、ずっと逃げ続けてしまう人もいます。

それはつらいことから自分を守っているようで、本来であれば次にできることがわかる手段からも逃げ続けて、取るべきアクションをサボってしまっているとも言えます。

売れる人は逃げることをしません。

売れる人は、売れないときには「今は負のサイクルに入っているんだな」と客観的に受け入れることで割り切っています。どうすれば売れるか対策を考え、実行するからこそ売れる人に成長します。

驚異的に売り上げを伸ばしたり、圧倒的に他者との差をつけたりして売り上げを上げる人の共通点は、失敗の原因を追求することです。あたかも楽しんでいるかのように、まるで取り憑かれたかのようにそれを行い、失敗の経験を糧としてやる気の燃料にしているのです。

▼売れる人はスランプを気にしない

どれだけ売れる人にも、売れない時期があります。いわゆるスランプの期間です。

あなたにも「必死に頑張ってもまったく売れない」という先の見えない苦しい経験に、身に覚えはあるでしょうか。

私もスランプに陥って、うまくいかなくなってしまった時期があります。何をしてもどうしても抜け出せませんでした。顔の表情は暗くなり、気持ちも非常につらくて毎日眠れないほどです。体にも不調が出てだるくて元気が出ず、本当に悲しい状態でした。

そのときにどうやって脱出すればいいのか、そのきっかけがほしかった私は、「売ることに関して、誰にでもスランプはあるのか？」という疑問を強く持ちました。

その答えを求めて、これまでにさまざまな人にスランプについて尋ねてきました。

カリスマ販売員、社歴の長いベテラン先輩社員、定年退職後にも会社と再契約するほど熟練の売れる人、年俸契約する凄腕の売れる人……。

どのような人に聞いても「スランプはある」という答えでした。

おそらくスランプというのは、人間誰しもあるものなのでしょう。

バイオリズムのようなもので、例えばお笑い芸人さんでもずっと売れている時期もあれば、人気には波もあると思います。その人にとっての不調があり、調子が落ちてしまうタイミングもあります。

誰しも調子が落ちるときがあり、今までやってきたことを全部やってもうまくいかない。調子が良いときと同じ方法を全部やっているはずなのにうまくいかない時期もあるのでしょう。そのサイクルにハマってしまうと、やればやるほどにうまくいかない。まさに負のサイクルです。

売れる人は、スランプの時期にどうしているのかも尋ねてみました。

人により乗り越え方はいろいろですが、経験値が高い人ほど「スランプを気にしない」という人が多いことがわかりました。スランプを繰り返し経験していくうちに「今はそういう時期なんだな」と割り切って受け止める人が多いのです。

「必ずこれは脱出するタイミングがあって、一生続くわけではない。そういうサイクルに入っているだけだ。今はそのタイミングで、時間が経てばスランプから抜けられる」

このように客観的に見ている人が多くいます。割り切って気持ちをラクにさせている人が、経験が長い人ほど多い印象でした。この考え方もぜひ参考にしてみてください。

なかには、自分でジンクスを作って気持ちを切り替えている人もいます。

昔の話になりますが、私は新入社員のときに売れるリップを自分で作っていました。たまたま休憩時間中に買ったメイベリンのリップで、可愛い色で気に入っていたのですが、「このリップを塗ったら売れる」というジンクスを自分で作ったのです。

当時、私が提案した何十点もの商品をトータルで一式、フルセットでお客様に購入いただいたことがありました。そのときにつけていたリップを「売れるリップ」にしたのです。

落ち込んでいるときにも、そのリップを塗るとできるような気がしました。接客をして、たくさん売れるわけではなくても、1つ購入いただくだけでも「このリップを塗ったからうまくいった」と救われた気持ちになりました。

私にとってはそのリップはピンチを乗り越えるためのアイテムで、売るためのおまじないでした。

接客中にだんだんとリップが取れてくるため、うまくいかないなと感じたときにはリップを取り出して、化粧室で塗り直していました。リップを塗って店頭に戻ってくると、次には売れたこともあります。それが私のなかでは大切なルーティンになっていました。

身につけるモノでジンクスを決めておくと、うまくいかないときにも安心材料になります。生活のなかで「これをやると売れる」というルーティンを決めて、自分を支えていく方法もおすすめです。

▼高額商品では売れない理由をリスク予測に生かす

モノが売れない理由というのは、リスクに言い換えることができます。特に高額商品である場合、お客様は「本当に買っても大丈夫だろうか」と不安な気持ちになるものです。そのため、購入いただいたときのリスクや懸念点をお客様に伝えることが求められます。

読者の方々のなかには「お客様にそんなことを話して良いのか?」と驚かれる方もいるかもしれませんが、ＡＩＤＭＡの法則でも説明したように、お客様にとっての不安や買わない理由を先回りして伝えることは大事です。

そして、そのリスクや懸念点には改善の余地があることを押さえましょう。

特にＢｔｏＢでは、お客様がそれを購入したあとに、ビジネス上で失敗するリスクも押さえておく必要性があります。

売れない理由（＝お客様にとっての不安や買わない理由）をリスクととらえて、提案に組み込むこともお客様に安心いただくためには大切な要素です。

例えば「弊社のこの商品をご購入いただければ、こんなに素敵なことがあります。売り上げが立って貴社にこれほど良いことがありますよ」というプレゼンをお客様にしたとします。

メリットを伝えることはもちろん必要ですが、同時にそれを実施したときのリスク・懸念点があることもセットで提案しなければならないと私は思っています。それを行うことでお客様には安心感が生まれるからです。

特にまだ先方にはお話ししたことがない新商品を提案する場合には、そのリスクも十分に考慮されていなければ、買い手側が「良いことだけを言われて不安だ」という気持ちになってしまいます。

その際に売り手側は「現状ではこういうリスクもあります。万が一それが起きてしまったときにはこのように対処することができますし、その準備のために今からこういう対策をやっておくと良いですね」と伝えてあげることが重要です。そうすれば買い手側も「じゃあ検討しようか」と不安を払拭できます。

売れない理由をリスクととらえて、その要素も考えて提案できると、お客様にとってはリスク回避・軽減に繋がります。結果的にお客様に信頼していただけるようになるのです。

▼攻める営業では圧倒的な量をこなして質を上げる

売れない理由が「営業が足りないから」だとわかった場合、攻める営業に力を入れることも必要です。営業目標やノルマがあり、それが未達で積極的に営業をかけなければならない状況もあるでしょう。

ＢｔｏＢでも新規顧客開拓のように、アウトバウンド営業に力を入れることがあります。電話やメール、飛び込み営業の量を増やすことをイメージしていただけるのではないでしょうか。

攻める営業についてアドバイスをお伝えすると、量をこなすことは絶対に必要です。そして、その経験を通して自分自身の質を高めることも大切なポイントです。

私は販売員としてウェディングドレスや宝石といった高額商品を豊富に扱ってきました。接客・販売量を増やすことで決定率はだんだんと上がっていきますが、最初はそれほど売れるわけではありませんでした。圧倒的な量をこなすことで、接客と販売スキルの質が上がっていったのです。

経験値が溜まり、それによって今まで見えていなかったことが見えるようになると、モノを売る際にも目利きができるようになります。その目利きによって状況判断がしやすくなりますから、お客様との会話や提案がより良くなり、モノが売れるようになるのです。

経験値が増えていくと「こういうお客様のケースはこう対応した」という成功事例も増えていき、自信もつきます。物事がうまく進まないときでも、どうすれば着地できそうか予測がつきやすくなります。経験がなければその予測も立てられず、解決策も未知のままです。

失敗の経験も必要です。失敗することで次回はどうすればいいのかと対策を考えられるようになり、それを実践していくことで自分の質が高まります。このことは販売の仕事に限りません。

要するに、どのような商材でも量は必要です。ＢｔｏＢの営業においても、お客様とのタッチポイントを多く持っていることは必須で、そのうえで量をこなすことで得られるスキルや経験が決定率向上に繋がります。

自分の質が上がれば、お客様から選ばれるようになります。

お客様は「信頼できる人からモノを買いたい」と思っています。特にＢｔｏＢでは「知らない人からモノを買いたくない」という心理が働きやすいものです。

量をこなして、自身の質を磨いて決定率を上げること。成功体験から自信をつけて、お客様に選ばれる存在になるという考え方を持つことが攻める営業のコツです。

第５条　自信を持ってモノを売る

お客様はどんなに見た目が良くて、自分の話を聞いてくれて、親身になってくれたとしても、自信のなさそうな人からモノを買いたいとは思いません。特に、高価なモノであればなおさらです。

お客様は「自信のある人から安心してモノを買いたい」と思います。しかしながら、売る側にとっては難しい部分でもあります。

なぜなら、モノを売ることに対する罪悪感や失敗したときのつらさが、あなたの自信を奪ってしまうためです。心が繊細で傷つきやすく、立ち直るまで時間がかかってしまう人もいるでしょう。

第5条では罪悪感や失敗との向き合い方、あなたの心を守る方法をお教えします。いつでもあなたが笑顔で、プロフェッショナルでいられるようにぜひ参考にしてください。

▼良いクロージングには「買ってください」が必須

クロージングとは、お客様に向けて「買ってください」という最後の念押しです。これは非常に大事なポイントではあるのですが、苦手意識を持つ人が多いところでもあります。

ＢｔｏＢでは、しっかりとクロージングをかけることに抵抗がない人が多い傾向です。契約するかしないか、それをやらないと次のステップに進まないためです。必要に駆られて、お客様への後押しができる人がほとんどでしょう。

一方で、小売業界では苦手な人が多くいます。お客様が欲しいモノをレジに持ち込む店舗であると、余計に言えません。お客様を案内して商品をおすすめして、そのまま放置してしまうというケースが多いのです。

忙しいお客様や時間のないお客様であると、店内でもテキパキと商品を探しています。店員さんに「こういうモノが欲しい」と相談し、お客様ご自身が良いと思ったら「これにします」と言ってくれます。

その言葉を聞いて、クロージングが終わったと安心してしまう販売員が多いのですが、本来はそうではありません。

お客様に言わせる前に、店員から「お買い上げしてください」と言ってほしいのです。

ところが、これを言えない人は圧倒的に多いです。

それは「買ってください」とお客様に言うことが怖いためです。なぜだと思いますか？

断られることやそれによって自分が傷つくことを恐れているのです。初めて言うとしたらきっと怖いと思います。

私も販売員時代に初対面の人を担当したときに、当時の店長から「これを買ってくださいとクロージングして」と指導を受けました。会ったばかりの初対面の人に、急に「これを買ってください」と言うことがどれほど怖いか。本当に泣いてしまうほど怖かったです。

皆さんも普段、お買い物をするときに販売員から「これを買ってください」と言われることはほとんどないと思います。

お客様に「買ってください」と言うことは、売る側にとって心理的なハードルが非常に高いこと。だからこそ、言えたら強いのです。

お客様もきっと驚くと思います。普通はそのようなことを言われることは、滅多にありませんから。

この一言を言うのは、お客様がほぼ買う状況になっているときです。まだ迷っているのであれば言わなくてもいいのですが、買うための条件が揃っていて、買わない理由がないときには後押しが必要です。


例えば、優柔不断なお客様はなかなか決断ができません。価格も1番安く、欲しいアイテムだという好条件が揃っているのに、まだ買うとは決められません。

それは頭の中に「別に買わなくても生きていける」という選択肢があるためです。そうすると根底から崩れてしまいますよね。「今日はなんでお店に来たんだっけ?」と。そのようなお客様もいらっしゃいます。接客している側も「この時間は何だったのだろう」と途方に暮れてしまうでしょう。

お客様に購入の意思決定をしていただくときには、最後の念押しで「これにしてください」と言うのが自然な流れです。そのタイミングを逃しては一生言えません。絶対に言ってほしい言葉なのです。

一生懸命に誠心誠意、商品をおすすめすることでお客様に安心感を与えることができます。購入の意思確認をはっきり行うことは、モノを売るという行為に責任を持つことでもあります。自信があるからこそ、「買ってください」と言えるのです。

メリットだけを伝えても、適切なタイミングに購入を促されないと「買わなくても良いモノ」という意識にシフトしていきます。それを避けるためにクロージングが重要なのです。

▼クロージングの段階でお客様に同調してはいけない

一方で、良くないクロージングもあります。

それはお客様に同調してしまうこと。話を終わらせないといけないところで終わらせずに、延々と続けてしまうことです。

「お客様は商品を気に入っているはずなのに、なかなか買ってくれない。さっきも同じ説明をしたのに、それでも買うと言ってくれない。いつまでも話が終わらない」と困った経験、あなたにもありませんか？

例えば、お客様が商品を気に入っていて、値段も条件に合っており、どうしようかと迷っているケースがあったとします。そのときに売る側が「この商品いいですよね。値段もちょうどいいですよね」とオウム返しにしてしまうと、一向に話が終わりません。

お客様が「この色の組み合わせはなかなかないですよね」と褒めてくださり、名残惜しそうに話したとします。売る側はクロージングをしたいのに「そうなんです。この色は当店のオリジナルで……」と、すでに説明したことを何回も繰り返してしまいます。これは典型的な売れない人の例です。

このように、クロージングの段階でお客様に同調してしまうと、お客様は買うことができません。買うことに安心できていないのです。また最初に戻って同じ話を何回もすることになってしまいます。

これはお客様にとっても良いサービスではありません。クロージングの段階ではやめたほうがいいでしょう。

お客様に気持ち良く買っていただくには「良いモノが見つかって良かったですね。これにしてください」とクロージングすること。お客様は「じゃあそうします」と、よくすすめてくれたと感じていただけます。

何も不自然なことではないですが、売る側は言えない人がとても多いのです。言えない人が多数派ですから、言えるようになれば圧倒的に強く、飛ぶように売れる人になれます。ぜひ練習して、勇気を出して挑戦してみてください。

▼モノを売ることに罪悪感を持たない

モノを売る人のなかに、モノを売ることに罪悪感を持っている人が一定数います。罪悪感を持つというのは、初めて販売員になる人にもよく当てはまることです。

お客様からお金をいただくことに対して「こんなにもらっていいのだろうか」「こんなに高額な商品を売って大丈夫だろうか」と思ってしまう人がいます。これが最初の壁になる人がいるのです。

壁にならない人もいます。それは「お金持ち」の人です。

私がこれまで見てきた新人の販売員たちも、裕福な家で育ったスタッフは何も気にしません。1個30万円の商品、50万の商品も普通に売ります。

ところが、そうではない場合に自分の経済観念で会話をしてしまいます。

お客様はお金持ちだから余裕で買えるのに、販売員が自分の経済観念で話をしてしまい、ズレているのです。お客様もきょとんとしてしまいますし、お客様にとってメリットがありません。そのような販売員と話していても、お客様のためになっていないのです。

逆のパターンもあります。お金に余裕のないお客様のときには、それを察することが求められます。


売る側は、「お客様は自分とは違う人間だ」ということを理解しなくてはいけません。あくまでもお客様がどのような人かを見て接客しなければ、変なやり取りになってしまいます。

第2条でお話しした「手に入れた先の未来を語る」ということにも繋がっています。


例えば、宝石を売る立場だった場合、お客様がその宝石を買ったら、それを持っていない今よりももっと素晴らしいことが起こるかもしれないですよね。

100万円以上の商品を扱うときには躊躇する方もいるでしょう。お客様も「100万円以上もするのね。ローンも組むことになる。どうしようかしら……」と悩まれるかもしれません。

それでも、その宝石を毎日つける喜び。それを一生大切にするワクワクするような未来。何かの記念日であれば、それが人生の支えになる大切なアイテムになるかもしれません。お客様にお子様がいらっしゃれば、代々身につけてもらう喜びもあります。

いろいろな幸せがあり、それが何十年分もの幸せであるかもしれません。

それなのに売る側が「100万円は高いですよね。やめましょうか」「もっと安いモノがありますよ」と、自分の経済観念で会話してしまうのは明らかに違いますよね。

先ほどクロージングについてお話ししたように、手に入れた先の未来を想像できない人はクロージングができません。高いモノを売っているだけという感覚になってしまっているためです。

その商品にどれだけの価値があるかを想像できないため、自信を持っておすすめできません。お客様に対して罪悪感が出てしまうのです。お客様が無理をしてモノを買うときに、特にそうだと言えます。

お客様にとっては、お金に余裕がない今だからこそ、無理をしてでもモノが欲しいというケースもあります。今はお金がないかもしれないけれども、これからいろいろなことを頑張るために、自分を勇気づけるための何かを買おうとしているお客様もいます。お客様にとって人生のきっかけになるお買い物かもしれません。

それにも関わらず、売る側が罪悪感を持ってしまって「このお客様、本当はお金がないのに無理して買うなんてかわいそう」「買わないほうがいいんじゃないですか?」と思うことは失礼な話ではないでしょうか? その商品を得て、お客様が頑張れる未来を奪うことと同じです。

もちろん、高いモノを売りつけるという話とは違います。

お客様が本当に欲しいと思っていて、それによってお客様の未来が変わるかもしれない、幸せな経験ができるかもしれないと思ったら、売る側は想像したうえでクロージングをするべきなのです。

「この宝石を身につけて、これから頑張れる未来がありますね」
「これからいろいろな経験ができますね。楽しみですね」
「一生身につけられるアイテムですね。応援してくれるアイテムですよね」

そうやって自信を持ってお客様に言えるのです。高額なジュエリーだとしたら「どんなときにも、大変なときにも幸せなときに常に寄り添ってくれて、一緒にいてくれるお守りですね」と言って差し上げましょう。

それほど大事なアイテムが、安っぽいモノだとしたらどうでしょうか。一生寄り添ってくれるアイテムなのですから、無理をしてでも良い商品を買いたいと思いませんか？

売る側はお客様にとっての商品の価値をわかったうえで、おすすめするのであれば、しっかりと声に出してください。そうすればクロージングできます。

お客様にとって支払うことが難しいのであれば「ローンを組みますか？　このような買い方もありますよ」と、お支払い方法の提案もできます。

ローンを組んでいただくことは、必ずしも悪ではありません。お客様がどうしても欲しいのであれば、どうやったら買えるのかを一緒に考えることなのです。お客様にとってありがたいことで嬉しいはずです。「どうしても欲しい」という気持ちになっているのですから。

その商品を手に入れることで、お客様の気持ちが救われるかもしれません。

本当に耐えられないほどつらいことに見舞われて、何か希望の光が欲しいときや、周りにも助けてくれる人がいなかったときに、素敵なモノ・欲しいモノを見つけたのであれば、それが心の大きな支えにもなります。

そのときには、お客様の人生を応援したいと思いませんか？　そのアイテムを手に入れた先で、これからさらに素敵になっていく未来へ。頑張ることができるという方向に向かってほしいですよね。

売る側は、お客様の人生にずっと付きっきりで付き添っていくことはできません。その代わりになるモノが、高いジュエリーだとしたら「これを身につけて頑張りましょう」と言えます。それがあなたの代わりにお客様を支える応援アイテムであり、お守りなのです。

したがって、モノを売ることに罪悪感を持たないこと。

お客様にとってその商品がどのような価値を持つのか、お客様の心や未来を想像して、自信を持ってモノを売るのです。

そして、お客様が買うことが可能かどうか、それを売る側が決めつけてはいけません。あなたの罪悪感が、お客様の未来を奪ってしまうかもしれないのです。

「この商品を手に入れた先で、これからもっと素敵な未来になりますね」

そう声に出しておすすめして、お客様にとって素晴らしい人生になることを応援しましょう。

▼役割を演じて心を守る

売れないことが続くと、精神的につらくなってきてモチベーションを保つことが難しくなってきます。無理して元気に振る舞うことでますますパフォーマンスが落ちてしまい、ストレスは溜まっていく一方です。「どうしてもつらい」「仕事をしたくない」と気が重くなり、立ち直るまで時間がかかってしまいます。

自分が傷つきやすいと自覚のある人には、心を守る防衛策をおすすめします。ご自身を守る方法として、傷つく失敗シミュレーションをしてほしいのです。

例えば、次のような状況を想像してみてください。

①接客や営業中の失敗経験を思い返してください。それを2度目に体験するとしたら、あなたはお客様に何と答えますか？

②これから起こり得る良くない状況を想像してください。あなたにはどのような対処が可能

ですか？

これだけでは、おそらく無意識にでも頭の中では想像済みのことかもしれません。

あのとき、こうしていれば……。

あと少し早かったら……。

後悔先に立たずとはいえ、一度失敗を経験できたのですから、次回はあなたにとって難易度がかなり下がっているはずです。「失敗できて良かった。これから大きく成長するための準備段階なんだ」と割り切り、失敗データを見返すこと。自分のウィークポイントがわかると少し安心します。

どうしても苦手なことは避けてもいいですし、得意なところだけ集めることもできます。

明日が怖いなど、心が落ち着かない場合には、接客風景の脚本を書いてみることをおすすめします。騙されたと思ってやってみてほしいのです。ひどい目にあったときや断られたときの対処法を想定して、セリフにして書き上げてみましょう。

例えば、クレームのお客様が来たとき、何か断られてしまったとき、おすすめすることに気が引けるとき、嫌な顔をされてしまうとき。うまくいかない場合のシチュエーションを想像して脚本を作り上げておきます。

苦手なパターンを爽快に克服するストーリー、そんなお客様いるわけないと思えるようなストーリー。あなたが成功したり、つらいことを笑い飛ばせたりする脚本で良いのです。

脚本を書き上げたら、演技をしてみます。

実際に声に出してセリフを話してみましょう。声のトーン、大きさ、間の取り方、すべてにおいて客観的に感じてみます。顔の表情はどうか？　鏡を見て確認してみるのです。

そうすると、話し方がシーンに合っていないことに気がつくこともあります。「ここは笑顔で話さないといけないシーンだった」「もっとゆっくり強調して言うところだった」と。そのストーリーの中では成功体験を経験してみてください。

ここでは、失敗した経験から脚本を作った例を1つ挙げます。ある商品をお店で売ろうとしたときに、お客様に断られてしまったストーリーです。

【失敗例】

女性のお客様「すごく気に入りました。買っちゃおうかしら」

私「良い商品ですよね。こちらは人気で、最後の1つなんです。次はいつ入荷するかわかりませんので」

女性のお客様「そうねえ。でも、夫がなんて言うかしら……」

（離れた場所から男性のお客様がやってくる。その男性が、接客していた女性の名前を呼ぶ。お2人の雰囲気からご夫婦なのだと気づく）

旦那様「何それ、買うの？」

私「旦那様ですか？」

旦那様「……はい」

私「ご来店ありがとうございます。奥様がこちらの商品を気に入ってくださって、今ご案内していたところなんです」

奥様「ねえ、ちょうどこういうのが欲しかったのよ。いいなって思ったんだけど、どう？」

旦那様「……いや、要らないよ。もう行こう」

（旦那様が奥様を連れて店を出ようとする。奥様が申し訳なさそうに話す）

奥様「ごめんなさい、やっぱり大丈夫です」

店内で女性のお客様に商品をおすすめしたら、提案がうまくいって話も盛り上がった。お買い上げいただけそうだったのに、旦那様が来て断られてしまった。というストーリーです。このケースではなぜ失敗してしまったのか、あなたにはわかりますか？　どのセリフを直すと良くなるのか、ぜひ考えてみてください。

まず失敗した理由は、旦那様に話を聞いてもらえなかったことです。売り手は旦那様に話しかけてはいますが、内容には改善できるところがあります。

ここでは旦那様を主体にする会話を行うべきでした。脚本例にあるように「奥様に気に入っていただいているのですが、いかがですか？」と奥様主体にしてしまうと、それでは響かないのです。

旦那様の目線から見たときに、商品に興味を持つことができていません。「また店員と盛り上がっていて……」とうんざりしたり、奥様が何か買おうとするのをやめさせたいと考えたりしている可能性もあります。その商品を欲しいと思っているのは奥様だけですから、要らないと頭ごなしに判断されてしまったことがマイナスポイントです。

また、第1条でご紹介した「決裁者は誰か」という視点も欠けています。このご夫婦の場合は、旦那様が決裁者であることが奥様のセリフからもわかりますから、旦那様を立てることが大切です。

それを踏まえて、成功例も考えてみましょう。次のように、旦那様主体でお声がけするセリフがこの場面では適しています。

【成功例】

私「旦那様、お待ちしていました。ぜひお見せしたいモノがございます」

旦那様「なんですか?」

私「奥様からもお話をうかがっていまして、◯◯をお探しだと聞いています。こちらの商品ですと、お探しになられている条件に合うのではと思いまして、旦那様はいかがですか?」

旦那様「そうですか。値段はいくらですか?」

私「こちらの値札にある金額でございます」
奥様「これが最後の1つなんだって。私はこれで良いと思うわ」
旦那様「そう。じゃあ、これにします」

このように、本当にお客様と会話するとしたら何と言うか、ぜひ書き出して演技してみてください。

実際に演じてみることによって、それが相手から見たときにどう感じられるかを客観的に見つめ直すこともできます。

もう少しゆっくり話したほうが良いかもしれない、もしかしたら前半の説明部分はいらないかもしれない、この言い方だとやっぱり嫌な気持ちになるなど、さまざまなことに気づきます。そうして少しずつ改良していくのです。

自分だったらなんて言われたいだろう。お客様の立場から改善することも良い方法です。

次に、それでもどうしても思いつかない・話しにくいときには、その話をそっくりそのまま自分の家族や仲が良い友達に「じつはね、こんなことがあって」と伝えるつもりで話してみます。そうするとちょっと心が和らぎますし、安心して話せるようになります。

嫌なことを話すと思うと、緊張して言葉も硬くなってしまうものです。それは会話する相手を不安にさせることでもあるのですが、自分の身内や心を許している人にその説明をすると思うと、安心して話すことができますよね。

それと同じように、お客様に対してもリラックスした口調で安心しておすすめすることによって、お客様も安心感を得ることができます。

このように失敗を想定し、練習しておくだけでも擬似体験ができているため、本当に断られたときのダメージが和らぎます。「想定内だな」と感じ、立ち直りも早くなります。心の自己防衛のためにぜひ試してみてください。

▼自分自身を充実した状態に保つ

第5条ではお客様のためにクロージングすることや罪悪感を持たないこと、心を守る方法についてお伝えしてきましたが、これらを実践する以外にも大切にしてほしい考え方が1つあります。

それは、あなた自身が幸せになることです。意外に思うかもしれませんが、これもモノが飛ぶように売れる人に当てはまる考え方の1つだと言えます。

人というのは基本的に、自分のことを一生懸命に考えてしまうものです。自分がいる環境の中で、仕事や生活でうまくいかないことも当然あります。スランプの時期もあります。

それを踏まえて、モノを売ろうとするあなた自身が充実していなければどうでしょうか？余裕がなくなり、常に自分優先になってしまいます。そうなるとお客様のために思考して行動することが難しくなります。

「お客様のために」というのは、本書で繰り返しお伝えしてきたモノを売ることに関する重要な視点です。それが疎かになり、程度も浅くなります。

つまり、売る側にとって自分が充実した状態になることは大切な要素です。そうでなければ自信がある状態（＝モノが売れる人）からも遠ざかっていき、お客様も離れてしまいます。

このことについては冒頭のマンガでも、私が店長時代に部下の夢を叶えることに取り組んだエピソードとしてご紹介しました。当時、私が何をしたのか詳しくお教えします。

店長として「部下を幸せにしたい」と考えた私は、部下の全員と話をしました。

これまでどう過ごしてきたのか。今後どうなりたいのか。人生をかけてやっていきたいことは何か。何をしているときが楽しくて幸せなのか。部下たちの夢を自然と引き出していきました。

そして、その夢を叶えるためにはどのような計画を立てれば良いのかを一緒に考え、行動目標を設定して段取りを組みました。「絶対にその夢を叶えよう」と互いに約束したのです。

それを実行していくことで、部下たちの夢がどんどん叶っていき、皆がとても喜んでくれました。毎日会社に来ることが楽しい、仕事に行くとその話ができるから行きたくなるという状態になっていったのです。

部下たちにとって、職場は自分の夢や達成させたいことを皆で話し合える環境になっていきました。仲間意識も強くなり、結束力も深まったのです。全員がまるで家族のような関係性になりました。

最近の流行りでいえば、「心理的安全性」をつくることに成功していたのだと言えます。

売り上げもどんどん増えていきました。最初はゆるい雰囲気で始まった店が、熱心でモチベーションの高い店舗に変わったのです。毎月勉強会を開くようになり、それが近隣の店舗にも話題となって、「私たちも参加したい」というお店が増えていきました。

勉強会では毎回、指導する人を交代制にしていました。始めの頃はファッションやおしゃれについての勉強会だったのですが、途中からはアカデミックな内容にもなりました。教養を身につけようとさまざまなジャンルのことを調べ、勉強してきた子が担当になって勉強会を開いたり、資料を配ったりしていました。

それらの取り組みによって、スタッフ全員に意識改革が起きて、自信がついたのです。達成感も非常に大きなものでした。

売り上げが増えたことで表彰され、会社から私が呼ばれた店長会議のときにも、店舗での取り組みについて教えてほしいと言われるほどでした。

このように、夢を叶えて充実した状態になることで好循環が生まれます。夢といっても売り上げのことではなく、どんなに些細なものでも良いのです。それを叶えて達成することで、自信に満ち溢れた状態になります。それができるとお客様に対して愛情を持って接することができますし、お客様も自信のあるあなたから「買いたい」と思ってくれます。

そして、これは売り方のスタイルに関わらず、誰にでもできる方法です。

あなたの夢や人生をかけてやっていきたいことは何ですか？　何をしているときが幸せで、今後はどうなっていきたいですか？

それを大切にして、ぜひ叶えるために目標を設定し、行動して1つずつ達成していきましょう。それを続けることで達成感が得られ、自信も生まれます。

その自信をあなたの武器にして、自分に合ったスタイルで、モノを売ることができるようになることを目指してください。

第６条　抽象的に物事をとらえる

モノを売ることに関して、ご自身の業界や取り扱う商品知識の勉強しかしない人がいます。しかし、それは売れない人の考え方です。

売る側が売るモノ自体のプロフェッショナルであることはあくまで大前提。そこそこ売れる人で良いということでしたら、確かに直接的に関係のある知識だけ持っていれば良いかもしれません。しかし、モノが飛ぶように売れる人になるには、自分の専門性だけに留まらない「抽象的に物事をとらえる」という思考も大切です。

第6条では情報収集とインプット、業界の異なる人との会話を切り口に、抽象的に物事をとらえることをテーマにお話しします。

▼情報の価値を知る

さまざまな情報に触れることができる現代だからこそ、自分に興味のない情報はスルーしがちです。いわゆる「フィルターバブル」と呼ばれる状態で、ＳＮＳでも自分が好きな分野しか見ておらず、流れてくるフィードも関連した内容ばかりになります。受け取る情報は多いようで狭いのです。

昔であれば、大人でも子どもでも見ている世界は共通でした。現代では多くの人が毎日スマホの中で、自分が興味のある世界だけを見ています。

これではジェネレーションギャップどころではなく、同世代でも会話が嚙み合わない人が出てきて当然です。身近な人間でも、まったく別の世界が目に映っていることを前提に会話を進めなければなりません。

そうした状況下では、セールスや営業の人は相手に合わせられる話題はいくらでも持っていたほうが良いのです。「私にはわからないです」と言ってしまうと、その時点でお客様との会話が終わってしまいます。常にアンテナを張って情報をキャッチして、いろいろな話ができる状態であることが望ましいでしょう。

とはいえ、深く調べるためにはどうしても時間が必要です。他にもやるべきことが山積みであれば、多くの時間を情報収集だけに割くことは難しいはずです。

そうであるならば、とにかく幅広くアンテナを張っておくこと。深く知らなくても、その言葉が何なのか予想がつくようにしておくのです。今何の話をしているのかわかるぐらいには準備しておきましょう。

例えば、誰でもすぐにできるのはニュースを見ることです。朝の通勤中に電車のなかで、スマホを使ってニュースを見ることはできます。時事問題や世の中で起きている出来事を知ることができます。それを毎日確認しておく程度でも良いのです。社会で問題になっている世界情勢くらいは押さえておくべきでしょう。

「そんなことは当たり前だ」と思うかもしれませんが、意外と実践している人は少ないのです。仕事に関係のあることであれば皆さんやるのですが、それ以上のことを調べない人がとても多いためです。

あなたはどうでしょうか？　今の世の中で流行っていることを知っていて、お客様との会話で話題が出たときに話すことはできますか？

そっけない態度であったお客様が、何かの話題がフックになって突然目を輝かせることがあります。それは今ハマっている趣味だったり、特別にこだわりのあるモノ、ずっと頭を悩ませていることであったりといろいろですが、その「何か」に触れた瞬間に突然心を開いて距離が一気に縮まるのです。

こうなったときがチャンスです。会話のキャッチボールができないといけません。「なんだ、知らないのか……」と思われてしまってはせっかくのチャンスが台無しになってしまいます。自分が興味のない業界だとしても、代表的なものに何があるのか、一般的にはどんな位置付けなのか、知識として蓄えておく必要があるのです。

それはなにも難しい内容ではなく、日常生活のなかで耳にしたもので、自分が知らないことでも問題ありません。テレビで目にしたものでも構いません。世代が違うからわからないというのであればなおさら、知っていることで「よくご存じですね」と言われたり、意外性がウケて仲良くなったりします。

ご自身の職種に関係のあることだけを熱心に調べたり勉強したりする人もいますが、それではお客様との会話が広がりません。そのような方は接客が苦手です。

わからないから話を聞かないということを続けていると、本来であれば自分の経験則になりそうな貴重な知識やエピソードすらも聞き逃す可能性があります。それは大きな損をしているのです。

あなたの仕事に直結する話ではなかったとしても、相手から一度話を聞くことによってためになることは山ほどあります。その人の職業がどういうものなのかを知ることもできるでしょう。それもインプットとして非常に大きな財産です。

専門知識を深めてプロフェッショナルとなることも重要ですが、広く浅い知識を持ち、日頃から積極的に情報収集につとめること。多くの場合、お客様は一方的な商品知識よりも、自分自身が必要とする情報が何なのかを最速で気がついてもらったほうが嬉しいのです。それは相手に寄り添うスキルでもあります。雑談の中に出てきた会話も、顧客情報として保存しておくことをおすすめします。

そしてもう1つ、情報収集についてお伝えしたいことがあります。それは、あなたが仕事で受け取っている情報量の多さと、その価値に気づいてほしいということです。

外に出て仕事をする人は、毎日さまざまな人に会っています。金融系で働く方、美容系で働く方、学校の先生など、いろいろな人と顔を合わせます。タイプの違いや好みも人それぞれで、それは膨大な情報量です。それだけでも情報収集ができます。あなたも何気なくやっていることかもしれませんが、その職業だから得られる経験と知識があります。

ところが、そのメリットに気がついていない人は非常に多いのです。じつはすごいことなのだとぜひ知っていただきたいと私は思っています。

サービス業やモノを売る仕事をする方々は、いろいろな人に会うことで毎日大量の情報を受け取っています。

それはあなたにとっての経験則になるのです。本書のこれまでの項目で、お客様のニーズを察知することや嘘を見抜くことについて触れてきましたが、それらがスムーズにできるかどうかにも全部繋がっています。

いろいろな人を見ているからこそ「こういうタイプの人は見栄っ張りだ」「このお客様、本当はこうしたいんだろうな」と察知できます。それは大勢の人を見てきた経験則によってわかるのです。

ジェネレーションギャップも同じです。いろいろな人と関わるなかで、今の若い人たちには何が流行っているのか、服や髪型はどうなのかという姿を見ているはずです。あなたが年齢を重ねていっても、その世代の人たちを見ることで情報が入ってきます。

意識すると、毎日すさまじい情報量を受け取っていることに気づいていただけるのではないでしょうか。その価値を存分に生かすことで、お客様との会話にも役立てることができますし、あなたの経験則をより一層磨き上げることもできます。

▼仕事以外のインプットで学ぶ

仕事以外の体験で得られることが、あなたにとって特別な意味をもたらすことだって起こり得ます。

私は以前、小学校でのボランティア活動を行いました。小学校4年生の子ども達にファッションの授業を週1回、3か月間かけて行ったのです。これまでには経験のなかった初めての試みだったのですが、非常に勉強になったと感じています。

1つは、その年頃の子ども達との接し方がわかるようになったことです。

赤ちゃんくらいの子であれば、赤ちゃん連れのお客様もお店にはいらっしゃるので接する機会があります。しかし、小学生くらいになると、関わることがなくなってしまいます。その子達がもう少し大きくなると、今度は自分で買い物に来られるようになるので、また関わるようになります。

これまでほとんど接点のなかった年頃の子たちと、どう接すれば良いのかというところから非常に勉強になりました。

そして、子ども達はとても正直です。普段接している大人のお客様であれば、会話しているときに退屈そうな顔をすることはありません。

しかし、子ども達はつまらないと感じると、授業中でも急に落描きを始めてしまいます。そのときに「ああ、私は今話しすぎてしまっているな」と気がつきました。

普段の仕事ではセミナーや講演会で登壇することも多いのですが、私が一方的に話しているだけでは、お客様を楽しませることはできません。いかに聞いている人たちが「やってみよう」「面白い」と思ってもらえるか。そのためにはお客様が能動的になれる話を入れることや、そういう構成を作っていかないといけません。

お客様を主体にすることが大切なのだと、子ども達と接したことでよくわかりました。

とはいえ、すべての人が小学校にボランティアに行ったほうが良い、ということではもちろんありません。

お伝えしたいのは、私が体験したボランティアのように、仕事とは関係がない環境に行ってみることも、インプットのやり方の1つだということです。特に日頃まったく接することがないような属性の方と会ってみることをおすすめします。

他にも、日頃から聞き慣れない言葉があれば、メモを取ることでも構いません。そうやって仕事以外のところで発見を増やすと、あなたにとって何かを変えるきっかけに繋がっていきます。

▼他人の土俵でも戦える

あなたがいま仕事をしているのは、どのような業界ですか？

その業界で活躍するあなたが、仕事上でまったく関わりのない業界の人と、相手のフィールドについて話す場面を思い浮かべてみてください。あなたはその状況でビジネスの話をすることができますか？

わからない専門用語が多く、まるで言語の伝わらない外国にいるような気持ちになるのではないでしょうか。

どんな困難にも臨機応変に対処できる人ほど、どのような業界の人とも会話ができます。それは自分の業界にいるライバルと仕事を奪い合うのではなく、他人の土俵で戦えることを意味します。

例えば、ニュース番組に出演しているコメンテーター。コメンテーターはその道のプロではなくとも、どのような話題を振られたときでも、その日に起きた出来事でもコメントできます。ジャンルを問わず、振られたテーマに対して自分の言葉で返すことができる人です。

私はそれが、モノを売る人の目指すべきところだと考えています。

仕事上でも、どのような話題でもその土俵で話せる人はいます。自分とは関係のない分野のイベントにゲストで呼ばれたときにも、上手に話すことができるのです。

そのような人になるためには、どうすればいいのでしょうか。

解決策の1つは、抽象度を上げて相手の話を理解することです。

具体的な事象がわからなくても、今何について話しているのかを把握し、抽象度を上げて一般論で理解することはできます。もしもその相手に質問ができるのであれば、こんなふうに聞いてみると抽象度を上げることができるケースが多いです。

「それによって、どんな変化が起きますか?」

たとえ具体的な事象の知識がなくても、抽象度を上げていけば必ず自分が知っている他のこととの共通点が見えます。わからない、と対岸の火事で終わるのではなく、自分の理解が及ぶ部分との懸け橋を探しましょう。そうすれば、例えば、製造業の人たちが専門用語で会話をしているとしても、「要は、オペレーションについて問題になっているのだな」と議題の中身を推測できたりするわけです。

また、異なる業界の相手と会話するための方法がもう1つあります。

それは、自分に関係のないことをシャットアウトするわけではなく、常に違う業界の情報にも目を通し、苦手なジャンルの話もなるべく目を背けないことです。

例え苦手なジャンルの話でも最低限の知識は持っている状態にしておいて、話を振られたときに困らないようにしておく習慣が求められます。詳しくない業界だとしても、ある程度は会話が成り立つ準備をしておくことです。

チャンスが来たときに掴めるかどうかも、相手と会話ができるかどうかにかかっています。

ＢｔｏＣもそうではありますが、特にＢｔｏＢに言えることでしょう。

ＢｔｏＣでは、お客様との性格やタイプが合わなさそうであったり、お客様も乗り気ではなかったりするときに、たまたまお客様の趣味の話ができて盛り上がって購入いただくというのはよくある話です。お客様に好きなアイドルがいらっしゃって、その話ができたときに喜んで買ってくださることはあります。

一方で、ＢｔｏＢでは「知らない人からモノを買わない」とお話ししたように、新しいお客様との接点は人脈から生まれることがあります。そのときにお客様を紹介してくださる方と同じ話ができるとは限りません。自分とは違う業界の人かもしれません。その人は、あなたにとってのキーパーソンです。

私の場合も、異なる業界の人から「私の知り合いでこういう人がいて、こういう会社をしていて、ファッションの仕事ができる人を探しているんです。豊岡さんはできる？」とお声がけいただく機会があります。その人は、私とは違う業界にいるからこそお客様を紹介しても良いのです。同じ業界の人であれば、本来は自分がやりたい仕事であるはずです。違う業界だからこそ、大事なお客様を紹介してくれます。

そのようにお客様をご紹介いただくには、キーパーソンになる人たちと話を合わせられるようにしておくことが求められます。

いつ、何がきっかけで仕事になるかはわかりません。

日頃からさまざまな情報にアンテナを張っておいて、お客様と会話ができる状態にしておき、他人の土俵でも戦える準備をすること。チャンスが来たら絶対に逃さないこと。これが売れる人になる秘訣です。

第7条　長いスパンで考える

日々の仕事や数字に追われていると、1日1日の売り上げを達成することだけにこだわってしまいがちですが、時間軸を長いスパンで考える視点を持つことが重要です。

抽象的な話ですから難しいと感じるかもしれませんが、だからこそ、物事の見方・考え方を変えるために積極的に意識してほしいのです。

売れる人は、目の前の数字だけを追っていません。

例えば、クレームから特別なＶＩＰ顧客を作ること、顧客の立場になって動きを読むこと、中長期的な視点を持って考えることで最大のメリットを生み出しています。

▼クレームから宝を探す

お客様からのクレームというのは、正直なところつらいものですよね。クレームを受けて良い気分になる人はそういないのではと思います。

ところが、売れる人はクレームも大事に扱います。なお当然ながらそのクレームとは、粗を探して揺すってくる悪質クレーマーではありません。売る側に非があり、クレームになってしまったお客様の場合を指します。

そのケースでは対応次第で、お客様がＶＩＰ顧客になることを売れる人は知っています。

クレームにおける怒りの原因は人それぞれですが、お客様に非がなく、売る側に問題がある際には、心からの謝罪によってＶＩＰ顧客となりえます。

「お客様を悲しませたこと」について、どのような悲しみか、手にするはずだった喜びなどの幸福感を連想し、それが実現できなかった現実を心より謝罪します。

また、改善点を見つけて次回の提案へもっていきます。その過程では、ミスが起きやすいオペレーションを改善して業務の見直しや効率アップをすることもできます。

つまり、「楽しみにしていたお客様の気持ちを裏切りました。なんとか次回リベンジさせていただけないでしょうか」というメッセージです。

クレーム対応時には謝罪のみではなく、特別扱いも必要です。一度不快な目に遭わせてしまっているお客様なので、次回会うときには社内情報共有のもと「特別なお客様」という扱いになります。お客様の想像以上の結果を出してサービスを返さなければなりません。スピードもクオリティも求められます。

なぜなら、お客様は悪くないからです。不快な思いをさせてしまい、損害を与えてしまっています。お客様にとってマイナスの心象なのです。嫌なことをされた記憶だけが残っている状態ですから、通常以上の対応をしなければ間に合いません。

そのためにVIP対応が必要で、それを行えばプラスになります。マイナスからプラスになることで、通常のお客様よりも関係性が深まります。お客様にとっては「特別な対応をしてもらえた」と感じていただくことができ、密度の濃い関係を築くことが可能です。

私が実際に経験したクレーム対応事例をご紹介します。

以前、私が店舗でお客様のご注文の品を取り寄せすることをすっかり忘れてしまっていたことがありました。その際、心より謝罪しすぐに対処することを約束。その日のうちに謝罪の手紙もしたため投函しました。

後日、入荷日に現れたお客様はゴディバの大きなチョコレートの箱をお持ちでした。それは私へのプレゼントで「誠意ある対応が嬉しかったので、これからはあなたを指名したい」とのことでした。泣いてしまいそうなくらい嬉しかったです。

そのお客様はその後も、キャンペーンやフェアの度に私をご指名いただき、購入いただきました。

これは私にとってＶＩＰ顧客を作ることができた一例です。このお客様以外にも多くの方がＶＩＰ顧客になりました。クレームをいただいたときにはチャンスだと思い、率先してお客様の対応にあたりました。

対して、クレームから逃げてしまうとどうなるでしょうか？

私の経験則から申し上げると、もっとひどい目に遭ってしまいます。迅速に、前のめりになるくらいの対応を行うことが良いのだと過去の経験から学びました。

たとえ逃げなかったとしても、単なる事後処理のような対処を行った場合には、その後にお客様は来てくれなくなってしまいます。なぜならお客様の心象はマイナスのまま、良くてもゼロに戻っただけです。他にも気になるお店や取引先があれば、今後は別の選択肢を選ぶでしょう。


お客様との信頼関係はとても大事です。こちらの非でクレームをいただいた際には特別な対応を行うことで、特別な関係性が生まれます。お客様も「特別扱いされた」と感じていただけるため、絆が深まり、その後もずっと安定的に買い続けてくださいます。それこそ売る人にとっての宝なのです。

通常のＶＩＰとも違う、雨降って地固まった「特別」な存在です。そのときにはお客様にとって、他者よりもあなたが気にかかる存在になっています。

ですから、クレームには誠心誠意込めて対応しましょう。長いスパンで考えた誠意ある対応が、あなたの宝を増やす未来に繋がります。

▼クライアントの動きから「何が欲しくなるか」を見通す

あなたの仕事に年間スケジュールがあるように、お客様にも年間スケジュールがあります。お客様が1年を通じてどのように動いているか、あなたはどこまで把握しているでしょうか?

クライアントにも時期ごとに都合があり、状況は日々変化しています。そのクライアントと取引するあなた（売る側）には「今、声をかけたほうが良い」というタイミングが存在しています。

例えば、「お客様が繁忙期で今はこういう状況だから、こういうことが足りないのではないか?」「そろそろ落ち着いてきているから、研修をしてみてはどうか?」といったタイミングです。

クライアントの動きから、相手が求めているモノを想像することは可能です。第1条「▼

売るべきタイミングを見極める」でお話ししたように、クライアントにも「このステップのときにはこれが欲しい」と段階を踏んで欲しくなるモノがあります。

これは目先の数字を追っているだけでは察知することができません。長いスパンで顧客と向き合う考え方が求められます。

それでは、クライアントに対して、声をかけるべきタイミングをどのように見極めればいいのでしょうか。

手元にある限られた情報を用いて、メールの返信や過去の打ち合わせなどから推察する方法はあります。しかし、それではクライアントの関係性のみでしかはかれません。

私は、クライアントの立場に立つことをおすすめしています。クライアント自身がどのような動きをしているか、そこに焦点を当てるのです。第1条の「▼売るべきタイミングを見極める」でもご紹介したように、担当者とこまめに連絡を取ることが大切です。

なぜなら、いくらクライアントが自分のことを信頼してくれたとしても、その状態に甘えていてはいけないからです。

クライアントにとっては、あなただけが唯一の相手ではありません。いろいろな取引先があり、その1つがあなたなのです。

この話はＢｔｏＣでの販売にも言えます。お客様はいろいろなお店を買い回って比較しています。販売員はお客様が自分の店舗で買うか買わないかがわかりません。そのことを理解したうえで接客しています。

したがって、ＢｔｏＢでも自分の他にライバルがいることを理解したうえで、長期的な視点を持ってクライアントの動きや思考を読み、適切なタイミングで提案することが絶対に必要です。

例えば、「いつもはこの商品を使っていただいていますが、じつは最近このような別の新しい商品も出てきているんです。他社ですと、新しいモノを取り入れているところがありまして、弊社でも始めようと思っているのですが、いかがですか？」といったように提案したほうが良いのです。

クライアントがＢｔｏＢで何か困っている事柄があり、それに気づいたのだとしたら「○

◯が大変そうですね。何かお役に立てることがあればやりますね」と伝えておくことも有効です。

今は提案できるモノがなくても、問題解決の糸口として「お客様はこういう取り組みもしていそうだな」「こんなサポートがあったら助かるだろうな」というものを見つけておくこと。それをタイミングが良いところでお声がけして、いつでも提案できるように備えておきましょう。

次の節では、私が実際に今やっていることをお話しします。

▼売れる人は目の前の数字を追っていない

私が現在行っているＢｔｏＢのコンサルティング業では、取引先に入って仕事を行ううえで「もっとこうしたほうが良かった」と自分に対して気づいた点があったときには、必ず伝えるようにしています。

仕事を終えて引き上げる際にフィードバックを行うのですが、そのときにただ単に「良かったですね」と言うだけではなく、何かしら自分が改善できることを伝えているのです。それは私がお仕事をいただいている身だからです。

「本日も呼んでいただいてありがとうございます」ということにプラスして、改善点として「◯◯が私の反省点なので、次回に改善させてください」というお話をしてから帰ります。次回もお仕事をくださいとお願いをするために、あえて反省をするのです。

仕事がうまくいったというフィードバックだけを残した場合、うまくいったために次も仕事が来るかもしれません。裏を返せば、次回うまくいかなかったら、もう仕事が来ないことを意味します。

そうではなくて、そのときはたまたまいろいろな環境があってその結果が出せたのかもしれません。別の店舗では同じ結果ではないこともあります。環境が違えば比較はできないため、次もうまくいくとは言い切れないのです。

そのうえで「今回はこういう環境だったのでうまくいきましたね」と言います。もちろんお仕事をいただいている身としてやることは誠心誠意やりますし、提案もさせてもらいますが、「たまたまこういう要因が重なったからうまくいきましたね」と言うのです。

「私がやりました」と宣言してしまうと、どんどん自分のハードルを上げてしまいます。

ですから、クライアントに対しては次のように言います。

「本当にすごいですね。流石です。私はサポートに回らせていただいただけで、今回は運が良かったですし、ついていましたよね。ただ、○○の点に関しては改善できたかもしれないと思っています。それは私の反省点でもあったのですが、気づくことが遅くなり申し訳ございません。次回には生かせると思います。次の機会には前もって準備しておきますので、そのときは教えていただけますか」

このように言うことで、責任の所在が自分の力だけのものではなくなります。

これはお互いの関係性として、何がゴールなのかにもよるとは思います。売り上げはお互いにとってゴールではありますが、それだけではありません。誰のための、何のためのメリットであるのか、何のために売るのかというところにも繋がります。

ＢｔｏＢでよくあるのは、決裁者から「売れたのか、売れなかったのか」という面ばかりを追及されてしまうケースです。売り上げはわかりやすい成果ですし、仕事を決定するうえでも最初に見られる部分ではあるので避けては通れません。しかし、メリットは売り上げの数字だけではないのです。

長いスパンで見たときに、顧客化やお客様満足度の向上ではかることもできます。企業イメージをアップさせることや、段階を踏んで事業を広げていくという考え方もあります。

それらの結果は数字だけを見ることとは違います。数字も必要ではありますが、目的はそれではありません。

いくらその場で売れたからといって、1回限りで終わることは長い目で見たらコスパが良くないのです。どうやって継続できるか、どう横展開できるかというほうが、遥かに生産性が大きいのです。

この話は私もクライアントに対してメリットとしてお話ししています。

より大きな成果を狙うのであれば、今の目先の数字だけではなく、どうやって継続させるかを見ること。その重要性を押さえて、売ることに関しては長いスパンで考える視点もぜひ取り入れてください。

おわりに　〜人との出会いが人生を変える〜

最後まで読み進めてくださり、本当にありがとうございます。この本を通して、モノを売る力が単なるビジネススキルではなく、人生そのものを豊かにする力であることを感じていただけたなら、これ以上の喜びはありません。

本書では、モノが飛ぶように売れる人の考え方として第1条から第7条に分けてご紹介しました。冒頭でもお伝えしたようにこれらの考え方を根底において、あなたのタイプに合った売り方でぜひチャレンジしてみてください。

最後に、あなたにぜひともお伝えしておきたいメッセージがあります。

モノを売るという仕事は、人とのたくさんの出会いによって自分自身を豊かにし、人生を新たな方向へと変える原動力となります。

そしてそれは、どこにいても自分らしく生き抜く力へと繋がっていきます。

私たちの人生は、人との出会いによって形作られます。恩師、尊敬する人、かけがえのない友人……。誰しもが、人生を大きく変えた「特別な誰か」の存在を思い浮かべられるはずです。

その出会いは偶然のように見えても、振り返ると必然のように思えることがあります。それは、自分にとって必要な学びや成長をもたらしてくれる存在だからです。

そして、これから先に出会う人々のなかにも、私たちを新たなステージへ導いてくれる「運命的な出会い」が隠されていることでしょう。

他者との出会いは、人生における最も豊かな学びの場です。自分とは違う価値観や生き方を持つ人と接することで、自分の視野が広がり、今まで見えなかった可能性に気づくことができます。

ときには、自分自身の中に眠っていた新たな一面や、本当に大切にしたいものを発見するきっかけにもなります。それらの出会いは、特別な舞台だけでなく、日常のなかに隠れているものです。

だからこそ1つひとつの出会いを大切にしていきたいものです。

自分が目指す先を誰かに投影する人もいるでしょう。しかし、残念なことに特定の1人に執着して自分のスキルを発揮できずに、その他大勢から抜け出せず埋もれていく人が多いのです。

なぜなのか？

それは、憧れの人と自分は別の人間だからです。

何かを始めたばかりの初期では、徹底的に他者を真似るという方法は必要であるのですが、ずっとそのままではいつまでたっても二番煎じです。本来使えるはずのあなたのスキルや才能は、埋もれたままになってしまいます。

業界の先駆者や専門性のある人から学ぶことは多いですが、自分の人生においての師匠は必ずしもその分野には限りません。

問題解決の糸口を探し、自分の頭で考えて解決策を導き出し、形にすることができる人は物事の本質を知っています。時代に取り残されることなく何歳になっても第一線で活躍されています。そういった人を師匠にすべきです。

私にとっても、これまで問題解決の糸口となった師匠や恩人はたくさんいるのですが、必ずしも同じ業界とは限りません。

とある先生の例をご紹介します。

木内勢津子ハンセンさん（株式会社キウチビジュアルアソシエイツ）は、ＶＭＤ（Visual merchandising、ディスプレイ・商品陳列）の先生で、私が会社員時代の店長だった頃に社員研修にきてくださった先生です。

私も研修では、商品の並べ方やお客様の導線について教えていただきました。

それから10年後、私が婦人服の事業責任者になったときに、木内先生の教えをもう一度受けたいと考えました。その頃の私は、都内を中心に展開するブランドの売り場統一がうまくいかずに苦戦していたため、社員教育を行いたいと思っていたのです。

社内で連絡先を知っている人を探して、先生のもとにお伺いしました。

先生のご自宅までお伺いして「じつは今ブランドの売り場統一に困っていまして、なんとか助けていただけませんか」と研修をお願いしました。そのときに木内先生は、研修以外のことをいろいろと教えてくださったのです。

木内先生は、長いスパンで見たときに私がリーダーとしてどう立ち回ったら良いのかを教えてくださいました。

ブランドをどう作っていけばいいか。仕事の仕組みをどうすれば良いのか。そのお話を聞いてようやく私は、どのようにしてブランディング・運営すればいいのかを理解できました。そしてその教えは研修としてではなく、経営者目線というもっと大きな目線で教わったことでした。

それらの経験が私にとっては、師匠との出会いだったのと同時に、のちに参考にさせていただいた木内先生のビジネスモデルを知る機会にもなりました。

木内先生は私がいた会社だけではなく、これまで大企業のディスプレイも数多く手がけてこられましたが、そこで行ってきたのは「人を育てるディスプレイ研修」だったのです。

ショーウインドウなどのディスプレイを手がけるディスプレイ会社は数多くありますが、陳列の仕方までを研修で行うわけではないため、現場がそれを継続させるためのメンテナンスを行うことは困難なものです。

木内先生は、契約先の企業でディスプレイ事業部のアドバイザーの立場で入り、社内でディスプレイができる人たちを育てていきました。

何社も契約して研修し、自分と同じようにディスプレイができる人を各会社で作り、リーダー育成を何十年もかけて行っていました。そのビジネスモデルを知って「面白い、それを私もやりたい！」と思いました。

私が今行っているビジネスは、木内先生のやり方を参考にさせていただいています。

小売業界から独立するというと、よく「自分のショップを持っているのですか？」と聞かれるのですが、そうではありません。

私がやってきたのは、骨格診断やパーソナルカラー診断を個人ではなく、会社単位としてビジネスにすること。どうやれば波及効果があるかを考えて、他の会社で研修することだと思いつき、社員研修・社員教育を事業内容にしました。

骨格診断やパーソナルカラー診断を用いて「売り方」を研修するという内容は、当時はまだ世の中にないものでした。

日本でディスプレイを広めて人材育成した木内先生のように、より生産性が高く、より多くの人を巻き込むことができて、社会的な貢献度も高いことをやりたいという私の思いがつまった社会活動です。

たとえ業界が違っても、学びを授けてくれた人は、師匠になり得るのです。

他にも、偶然教えていただいたことや、何かのきっかけで目にしたもの、耳にしたことがその後の大きなビジネスチャンスのきっかけになることもあります。

私が1冊目の書籍を出せたきっかけもそうでした。担当編集者である当時インプレス・ICEで書籍編集者をしていた岡本さんとは、異業種間での情報収集をしたいという気持ちから、ビジネスマッチングでお互いの職業や経歴などをざっくばらんにお話ししていました。

お互いに近況を話すなかで「最近、骨格診断というものを仕事で使っているんですよね」と話したところ、「それは面白いですね！」と興味を持っていただきました。

それから岡本さんのアイデアで、ファッション業界というジャンルに縛られず、服選びに迷うビジネスパーソンという読者層に向けたファッションの指南書を出すことを実現できたのです。

じつは1冊目の出版オファーをいただいた当初は、私にとっては書籍を出すことで読んでくださる人がいるかどうかが半信半疑でした。

ファッションの本はすでに世の中に数多く出版されていて、私が出す意味があるのかどうかと疑問に思えたのです。本当に出せるのかとすら思っていました。

そのときに、岡本さんに言われて印象に残っていたのが「これから有名になる一般人を探しています」という言葉でした。

それが当時の私には非常に刺さり、今でも一生忘れないと思っているほどです。「この本は売れます」と言い切ってくださったことも嬉しかったです。

折しも、1冊目を出版した2020年はコロナ禍真っ只中で、服を実店舗で購入することが難しく、世間ではオンラインでのお買い物がぐっと増えているタイミングでもありました。

ファッションを楽しむ華やかな本は、巷にたくさんありましたが、着方を教えてくれる教科書のような本はあるようであまりなかったのです。

おかげさまでその書籍はアマゾン部門別で1位を獲得し、多くの人の目に留めていただくこととなりました。研修先や講演会でも本を持って参加くださる方がいたり、店舗イベントでも私のところに来てくださるファンの方もいたりして、そのことも本当に嬉しく思いました。

そして、その著書をきっかけに「とある有名企業のＥＣサイトの監修」を担当することになり、それがＢｔｏＢで始める仕事の第1号となったのです。

本書を読んでくださったあなたにも、これまで多くの出会いがあったはずです。その出会いが、今の得意なことや好きなことに繋がっていることもあるでしょう。

これからも良い師や恩人との出会いがあり、それがあなたにとって、今後の成功に繋がることを心から願っています。

２０２５年1月

豊岡　舞子

謝辞

この場をお借りして、本書の制作に関してご尽力いただいた皆様への感謝をお伝えさせてください。

この本を出版するにあたり、じつは大きな壁にぶつかりました。それは、私の話し言葉をそのまま文字にしても、伝えたいニュアンスや熱量が表現できないことでした。

幾度も試行錯誤するなかで、ライターの橋詰由佳さんの力をお借りすることになりました。すると私の性格や情熱を深く理解し、まるで私が乗り移ったかのように伝えたい言葉を的確な表現で紡いでくださいました。彼女の共感力なくしては、この本は完成しなかったでしょう。この場を借りて、深く感謝申し上げます。

また、ビジネスを通じて多くの学びと成長の機会を与えてくださった取引先の皆様にも深く感謝いたします。とりわけ圧倒的なプロデュース力や鋭い洞察力、先を見通す力をもった尊敬すべきリーダーの導きなしに今の私はありません。この1冊を感謝と尊敬を込めて捧げます。

そして独創的な価値を生み出す才能の持ち主との出会いにも感謝します。その斬新な発想と情熱は私に希望を与え無限の可能性を信じさせてくれました。このインスピレーションをもとにさらなる成長を目指します。

最後に前職の皆様へ。共に過ごした時間と学び、そして笑い合い悩んだ日々は私の宝物であり、今の礎となっています。皆様の支援がなければ、ここまで来ることはできませんでした。この本を感謝の証としてお届けします。

著者紹介

豊岡 舞子（とよおか まいこ）

株式会社豊岡代表取締役。

着物・ドレス・宝石などフォーマル商材を扱う企業にて、営業企画・教育に携わり、ファッションのコンサルティングを生業とする事業を提案。売上に直結するイベントとして新聞や専門誌などで数多く取り上げられBtoB事業を確立したのち独立。

著書に『失敗しない服選び理論「骨格」を知れば誰でも簡単おしゃれ』（インプレス）がある。

骨格スタイルアドバイザー1級、パーソナルカラーリスト、メンタルケア心理士、などの資格を持つ。

◎本書スタッフ
執筆協力：橋詰 由佳
漫画　　：うら かなこ

●お断り
掲載したURLは2025年1月1日現在のものです。サイトの都合で変更されることがあります。また、電子版ではURLにハイパーリンクを設定していますが、端末やビューアー、リンク先のファイルタイプによっては表示されないことがあります。あらかじめご了承ください。

●本書の内容についてのお問い合わせ先
株式会社インプレス
インプレス NextPublishing　メール窓口

お問い合わせの際は、書名、ISBN、お名前、お電話番号、メールアドレス に加えて、「該当するページ」と「具体的なご質問内容」「お使いの動作環境」を必ずご明記ください。なお、本書の範囲を超えるご質問にはお答えできないのでご了承ください。

電話やFAXでのご質問には対応しておりません。また、封書でのお問い合わせは回答までに日数をいただく場合があります。あらかじめご了承ください。

●落丁・乱丁本はお手数ですが、インプレスカスタマーセンターまでお送りください。送料弊社負担に てお取り替えさせていただきます。但し、古書店で購入されたものについてはお取り替えできません。
■読者の窓口
インプレスカスタマーセンター
〒 101-0051
東京都千代田区神田神保町一丁目 105 番地
info@impress.co.jp

モノが飛ぶように売れる人の考え方

2025年1月17日　初版発行Ver.1.0（PDF版）

著　者　豊岡 舞子
編集人　岡本 雄太郎
発行人　高橋 隆志
発　行　インプレス NextPublishing
〒101-0051
東京都千代田区神田神保町一丁目105番地
https://nextpublishing.jp/
販　売　株式会社インプレス
〒101-0051　東京都千代田区神田神保町一丁目105番地

印刷・製本　京葉流通倉庫株式会社
Printed in Japan

ISBN978-4-295-60352-8

NextPublishing®
●インプレス NextPublishingは、株式会社インプレスR&Dが開発したデジタルファースト型の出版モデルを承継し、幅広い出版企画を電子書籍+オンデマンドによりスピーディで持続可能な形で実現しています。https://nextpublishing.jp/